Im Sundgau – Südlich von Mulhouse

Bitte schreiben Sie uns, wenn sich etwas geändert hat!
Alle in diesem Buch enthaltenen Angaben wurden von der Autorin nach
bestem Wissen erstellt und von ihr und dem Verlag mit größtmöglicher
Sorgfalt überprüft. Gleichwohl sind – wie wir im Sinne des Produkthaf-
tungsrechts betonen müssen – inhaltliche Fehler nicht vollständig auszu-
schließen. Daher erfolgen die Angaben ohne jegliche Verpflichtung oder
Garantie des Verlages oder der Autorin. Beide übernehmen keinerlei Ver-
antwortung und Haftung für etwaige inhaltliche Unstimmigkeiten. Wir bit-
ten dafür um Verständnis und werden Korrekturhinweise gerne aufgreifen:
DuMont Reiseverlag, Postfach 10 10 45, 50450 Köln
E-Mail: info@dumontreise.de

Wandern in Elsass und Vogesen

Wandersaison

Zu welcher Jahreszeit packt man am besten? In den niedrigen Sandsteinvogesen, die nördlich von Saverne meist nicht mehr als 500 m Höhe erreichen, ist Wanderzeit von Mai bis Oktober – solange die vielen schönen Buchen ihr Laub tragen. In den rauhen Hochvogesen, deren Kamm sich zwischen 1250 und 1300 m hält, bleibt der Schnee dagegen lange liegen, die Vegetationsperiode ist kurz und die Wege sind oft nur von Anfang Juni bis Ende September/ Anfang Oktober gut zu begehen. Wenn die Hochsommerhitze über der Rheinebene brütet, ist es hier in der Höhe angenehm luftig.

Längere Spaziergänge und Wanderungen für die kühlere Jahreszeit, ja sogar für trockene, klare Wintertage, gibt es dagegen in den Rebbergen. Im Spätherbst und Winter genießt man in den höheren Lagen der Vorberge auch manchmal die für das Elsass typische Inversionswetterlage (d. h. eine Temperaturumkehrung bei hohem Luftdruck). Während dann in der Ebene und am tiefen Gebirgsfuß die dichten nebligen Kaltluftseen lagern, liegen die Höhen in strahlendem warmem Sonnenschein.

Anspruch

In der Rubrik ›Die Wanderung in Kürze‹ wird jeweils darauf hingewiesen, ob es sich bei der Wanderung um eine einfache (+), eine mittelschwere (++) oder eine anspruchsvolle (+++) Tour handelt.

Gehzeiten

Bitte beachten Sie: Alle in diesem Wanderführer aufgeführten Zeiten verstehen sich als reine Gehzeiten. Rechnen Sie bei der Planung einer Tour noch etwa ein Fünftel bis ein Viertel der Zeit hinzu, um Pausen für die Rast oder zum Fotografieren, Abstecher oder schlimmstenfalls ein Verlaufen zu berücksichtigen. Auch ein Wettersturz, abgerutschte Wege oder angeschwollene Bäche können die Wanderzeit erheblich verlängern.

Wege und Markierungen

Ganz ausgezeichnet ist im Elsass die Markierung der großen Wanderwege, die ja auch am meisten benutzt werden. Bei den unzähligen kleineren Wegen und Pfaden kann im Laufe des Jahres schon einmal ein Zeichen verloren gehen.

Ausrüstung

Neben Regen- und Sonnenschutz sind feste Wanderstiefel (Treckingstiefel) bei längeren Wanderungen unbedingt empfehlenswert. Sie sollten leicht, aber dennoch möglichst wasserdicht sein. Bei Bergwanderungen sind Teleskopstöcke nützlich, die vor allem beim Abstieg die Gelenke erheblich entlasten.

Wanderkarten

Die traditionellen Grünen Wanderkarten des Club Vosgien im Maßstab 1:50 000 werden seit 1997 nach und nach durch acht neue im gleichen Maßstab, aber mit anderer Aufteilung ersetzt: No. 1/8 (Sarreguemines, Bitche, Sarrebourg, Saverne, Wasselone), No. 2/8 (Wissembourg, Niederbronn, Haguenau, Strasbourg),

No. 4/8 (Strasbourg, Mont Ste-Odile, Donon, Haut-Kœnigsbourg), No. 6/8 (Colmar, Muns-ter, Hohneck, Gérardmer, Les Ballons des Vosges).

Die TOP25-Karten im Maßstab 1:25 000 verbinden die Generalstabskarten des IGN (Institut Géographique National) mit den alten Wanderkarten des Club Vosgien. Sie zeichnen sich durch große Genauigkeit und Vollständigkeit aus. Die jüngsten, unveränderten Karteneditionen tragen das *Sigle des IGN, carte de randonnée*. Sie erscheinen im folgenden als IGN TOP25.

Mit Bus und Bahn

Reisen mit Bus und Bahn ist im Elsass nicht einfach: Aufs Land gelangt man nur mit wenigen Nebenstrecken der französischen Staatseisenbahnen (SNCF). Dazu kommen Linienbusse der Bahn und kommerzieller Unternehmen sowie Privattaxis, die vor allem für kleinere Gruppen interessant sind.

Ein »Guide Régional des Transports« erscheint zweimal jährlich und ist in den größeren Bahnhöfen und Verkehrsvereinen kostenlos erhältlich. Er enthält auch Angaben zum Transport von Fahrrädern (SNCF Tel. 08 36 35 35 35).

SYMBOLE IN DEN KARTEN

⌂	Gasthaus, Ferme Auberge (bewirtschaftet)		Aussichtsturm
⌂	Schutzhütte, Unterstand (unbewirtschaftet)		Archäologische Stätte
	Kirche, Kapelle		Denkmal, Monument
	Kloster	t	Bildstock, Wegkreuz
	Burg, Schloss		Höhle
	Burgruine		Wasserfall

Naturparks der Vogesen

Der nördlichste Abschnitt der nur mäßig hohen Sandsteinvogesen, der sich in einem weiten Bogen von Wissembourg bis zum Col de Saverne zieht, bildet seit 1977 den Parc Naturel Régional des Vosges du Nord. Anfang 2002 wurde er zusammen mit dem benachbarten Pfälzerwald zum ersten grenzüberschreitenden Biosphärenreservat Europas erklärt. An gewundenen Bächen liegen Dörfer und Städtchen zwischen ausgedehnten Laub- und Nadelwäldern, die über die Hälfte der sandigen Böden bedecken. Jahrhundertelang lieferten sie Holz zum Heizen und Bauen, wie auch reichlich Brennmaterial für die Glashütten und Eisengießereien.

Im Gegensatz zu den Nationalparks, die durch ein strenges Bauverbot leicht zu einer Art ›Naturmuseum‹ werden können, sollen die Regionalparks durch gezielte Strukturverbesserungen – im Rahmen des Naturschutzes – das Land für seine Bewohner attraktiver gestalten. Dazu gehören staatliche Subventionen für eine gute Dorfrenovierung ebenso wie die Überprüfung der Bebauungspläne und die Anlage von Gewerbegebieten.

Eine besonders wichtige Rolle spielte im Naturpark Nordvogesen in den vergangenen zwei Jahrzehnten die Entwicklung eines ›grünen, sanften Tourismus‹, der sich wachsender Beliebtheit erfreut. Abseits der großen Straßen findet der Wanderer hier Wildgehege, mehrere Naturlehrpfade, Denkmäler aus gallo-römischer Zeit, eine große

Zahl mittelalterlicher Burgruinen, Schlachtfelder und Reste der unterirdischen Verteidigungswerke der Maginot-Linie, die nach dem Ersten Weltkrieg entstanden.

Abseits der größeren Städte Wissembourg und Saverne am Rande des Parks konzentriert sich um La Petite-Pierre, Niederbronn und Lembach ein für die Gegend bedeutendes Hotel- und Gaststättengewerbe.

Nach dem Vorbild des Naturparks Nordvogesen besitzen auch die Süd- oder Hochvogesen seit 1989 einen Naturpark, den Parc Naturel Régional des Ballons des Vosges, der rund 200 Gemeinden in vier Departements umfasst (Haut-Rhin, Territoire de Belfort, Vosges und Haute-Saône). Zum elsässischen Teil des Parks gehören von Norden nach Süden das Val d'Argent und das Tal der Weiss mit Ste-Marie-aux-Mines und Orbey, das Fecht- und Lauchtal mit Munster und Guebwiller sowie das Tal der Thur und der Doller mit Thann und Masevaux. Auf die liebliche, rebenumkränzte Vorhügelzone mit bekannten Weinstädtchen folgen die von dichtem Wald bedeckten steilen Berghänge. Eichen-Buchenwald ist vorherrschend in den niederen Lagen (bis 600 m), ausgedehnter Buchen-Tannenwald in mittlerer Höhe (bis 900 m) und darüber Buchengebüsch, vermischt mit Ebereschen und Bergahorn. Auf den Kuppen der Haupt- und Seitenkämme, den Ballons oder Belchen, breiten sich schließlich kurzgrasige Weideflächen aus, die am östlichen Steilabfall des Gebirges von zerklüfteten Eiszeitkesseln und Kar-Seen unterbrochen werden.

Wie im Naturpark Nordvogesen sind Umweltschutz und wirtschaftliche Förderung der Region die Hauptziele des Parks, und auch hier bemüht man sich um einen grünen, sanften Tourismus – umso mehr, als die im 19. Jh. florierende Textilindustrie in den Tälern ebenso wie die traditionelle Weidewirtschaft auf den Höhen seit dem Ende des Zweiten Weltkriegs ihre Bedeutung verloren haben. Zu den Hauptattraktionen des Regionalparks gehören darum die Fermes Auberges und Fernwanderwege, aber auch Pisten für Mountainbikes und Skilifte.

Und hier liegt eine Gefahr für den sanften Tourismus. Besucherscharen auf der bekannten Kammstraße, der Route des Crêtes, bringen wohl Geld ins Land, sind aber auch eine Bedrohung für Fauna und Flora des Hochgebirges. Auerhahn, Gämse und Wanderfalke fliehen den Menschen, Regen wäscht die Pisten aus und beschädigt die dünne Humusschicht (gut zu sehen am Hohneck), seltene Pflanzen werden zertreten oder ausgerupft. Besonders gefährdete und interessante Plätze – Gazon du Faing über dem Lac Noir, den Frankenthalkessel, das Moor von Machais westlich des Rainkopfs und den Grand-Ventron im oberen Thurtal – hat man darum bereits zum Naturreservat erklärt, der viel besuchte Hohneck folgt. Um die Umwelt zu schonen und den Autoverkehr auf der Kammstraße zu beschränken, richtete der Naturpark Hochvogesen im Jahr 2000 die ›navette des crêtes‹ ein, einen Busverkehr zwischen dem Col de Bonhomme und dem Grand Ballon, mit Verbindungen nach Colmar und in die Täler; von Mai bis Oktober an Sonn- und Feiertagen. Auskunft: Tel. 03 89 77 90 34, www.parc-ballons-vosges.fr.

Alpines am Hohneck

Die Klimabedingungen auf den Vogesenkämmen – starke, über das ganze Jahr verteilte Niederschläge, hohe Luftfeuchtigkeit, tiefe Durchschnittstemperaturen mit relativ milden Wintern und sehr kühlen Sommern – ähneln den Klimabedingungen in Süd-Island oder an der Nordküste von Norwegen, und sie haben einen günstigen Lebensraum für eine Alpenpflanzengesellschaft geschaffen, wie sie gewöhnlich nur in wesentlich größerer Höhe gedeiht. Bekannt für die reichste alpine Flora der Hochvogesen sind die Hautes Chaumes und die *mégaphorbiée* des Hohneckmassivs.

Als *mégaphorbiée* bezeichnen die französischen Botaniker die üppige subalpine Hochstaudenflora, die sich am Fuß der schützenden Felswände, in Talkesseln und Schluchten, auf feuchten, tiefgrün-

digen und humusreichen Böden entwickelt hat. Ihre schönste Ausbildung erreicht sie über der Baumgrenze. Am Hohneck finden wir neben dem weit verbreiteten blauen Alpen-Milchlattich und dem rosa blühenden Filzigen Alpendost, dessen riesige nierenförmige Blätter ganze Felder bilden, noch eine Menge anderer Pflanzen: den giftigen Blauen und Gelben Eisenhut, auch Wolfswurz genannt, die Breitblättrige Glockenblume, die Narzissenblütige Anemone, den weiß blühenden Hahnenfuß, den Waldgeiß- oder Bocksbart, der auch in tiefer gelegenen Wäldern vorkommt – und viele andere. In den Kesseln und engen Schluchten, in denen der Schnee bis in den Juni liegen bleibt, entfaltet die *mégaphorbiée* ihren ganzen Reichtum erst spät im Hochsommer.

Hautes Chaumes nennen die Franzosen den kahlen Hauptkamm der Vogesen, der sich vom Reisberg über dem Lac Blanc nordwestlich von Munster bis zum Grand-Ballon im Süden zieht. Nur hin und wieder durch die typischen Buchenkrüppelbestände unterbrochen, bedeckt eine Mischung von Borstgrasrasen und Zwergstrauchheide (Heidelbeeren, Preiselbeeren, behaarter Ginster, Heidekraut) die gerundeten Gipfel und fast ebenen Hochflächen. Von besonders schöner, intensiver Farbe sind die Alpenblumen dieser baumfreien Gipfelzone. Hier beginnt die Saison ungefähr Ende Mai mit einer großen Menge von Alpenanemonen, deren weiße Blütenblätter außen zottig behaart und bläulich angehaucht sind. Weil sie am Großen Belchen besonders häufig vorkommen, nennen die Elsässer sie auch Belchenblumen. Die Gelbe Narzisse, die in tieferen Lagen im Munstertal und um Gérardmer auf der Westseite des Gebirges bereits Anfang April ihre berühmten Blütenteppiche gebildet hat, erscheint jetzt auf den Hautes Chaumes ungefähr zusammen mit der Alpenanemone. Schon Ende Juni/Anfang Juli ist dann der Höhepunkt der kurzen Blütezeit erreicht, und weite Strecken der Hochfläche färben sich gelb mit Berg-Arnika, Pyrenäen-Löwenzahn und Gelbem Enzian. Zahlreich blüht um dieselbe Zeit auch das im Schwarzwald und in den Alpen unbekannte Vogesenstiefmütterchen, dessen Farben vom reinsten Gelb bis zum tiefsten Violett reichen. Andere schöne und interessante Blumen der Hautes Chaumes sind der purpurrosafarbene Türken-

Alpenanemone

bund, die violettrote und blaue Bergflockenblume, auch als Zierpflanze im Garten beliebt, und der im Elsass nur auf dem Hohneck vorkommende Allermannsharnisch, dessen Wurzelstock nach altem Volksglauben gegen böse Geister schützt und als Liebeszauber und Heilmittel wirksam ist.

Nach einem blütenlosen Spätsommer belebt sich die einförmige Hochweide dann noch einmal im Herbst, wenn die blutrot gefärbten Heidelbeersträucher der Kammränder sich von dem goldgelb eingestreuten Bergahorn abheben.

Vogesenstiefmütterchen

Burgen und Dörfer

Zu den beliebtesten Wanderzielen im Elsass gehören sicherlich die Burgen. Rheinaufwärts krönen sie die Höhen der Vorberge: die Drei Exen bei Eguisheim, die Rappoltsteiner Burgen, Haut-Kœnigsbourg, Landsberg... Im Norden schiebt sich ein ganzer Burgenkranz zwischen das Elsass und die Pfalz: Fleckenstein, Hohenburg, Lœwenstein, Wasigenstein...

Bei aller Verschiedenheit zeigt ihre Geschichte und Architektur doch viele gemeinsame Züge. Um 1000 n. Chr. begannen auch im Elsass mächtige Adelsgeschlechter mit der Errichtung befestigter Wohnsitze, die uns heute jedoch nur noch durch Urkunden oder Ausgrabungen bekannt sind. Weithin sichtbar und eindrucksvoll erheben sich dagegen die prächtigen Burgen der Stauferzeit, die im 12./13. Jh. an die Stelle der älteren Anlagen treten (Hoh-Eguisheim, Rappoltstein, Ferrette) oder ganz neu errichtet werden wie z. B. Kaysersberg durch Friedrich II. Nach ihren Burgen benennen sich auch die nun immer zahlreicher werdenden einfachen Ritter aus dem Gefolge des Kaisers. Glanzvoller Mittelpunkt der kaiserlichen Verwaltung oder bescheidener Unterschlupf einer Familie – als Wehrbau und Wohnsitz besteht die Burg nun allgemein aus Ringmauer und Graben, Palas (Wohnbau) und Bergfried oder Schildmauer, die im Lauf des 13. Jh. den Bergfried allmählich ablöst. Mächtige Buckelquader – große, sorgfältig behauene Quaderblöcke, deren Sichtseite durch Randschlag eine bucklige Oberfläche erhalten hat – verblenden die aus einfachen Bruchsteinen und Mörtel errichteten Mauern. Zu ihrer Zeit waren diese staufischen Buckelquader allerdings wohl von einer groben Putzschicht bedeckt, die im Fall des Angriffs eine größere Festigkeit des Baus garantieren sollte.

Im ausgehenden Mittelalter werden die größeren Anlagen (Haut-Kœnigsbourg, Haut-Barr, Landsberg) durch lange Zwingermauern und gewaltige Bollwerke den modernen Feuerwaffen angepasst, viele kleinere Burgen verfallen nach dem Aussterben des Geschlechts, nicht wenige werden als Raubritternester zerstört (Lœwenstein, Hagelschloss). Am Ende besiegeln der Dreißigjährige Krieg und die Feldzüge Ludwigs XIV. den Untergang der elsässischen Burgen als Festung und Wohnplatz. Der Adel lebt von nun an in seinen bequemeren Stadthöfen und -schlössern (Saverne, Ribeauvillé). Seitdem die Romantik im 19. Jh. das Mittelalter neu entdeckte, sind die verlassenen Ruinen jedoch zu neuem Leben erwacht.

Das Elsass ist auch reich an schönen alten Bauernhöfen, und viele Hausanlagen in den kleinen Städten, besonders in den Winzerorten, gleichen denen der Dörfer, aus denen sie im Mittelalter hervorgegangen sind. Drei verschiedene Haustypen, mehr oder weniger an die verschiedenen Landschaften gebunden, haben sich im Lauf der Jahrhunderte entwickelt und zahlreiche Mischformen hervorgebracht. Während wir vor allem im Gebirge und in den Vogesentälern das steinerne Einhaus finden, das Wohnung, Scheune und Stallungen unter einem Dach vereinigt, ist in der Rheinebene die Gruppenanlage in fränkischem oder oberdeutschem (alemannischem) Fachwerk vorherrschend, bei der Wohn- und Wirtschaftsgebäude getrennt um einen Hof liegen. In manchen Gegenden, so im Sundgau, kommen Einhaus und Gehöft zusammen im selben Dorf vor. Eine dritte, besondere Hausform hat sich schließlich in den Weinbaugebieten ausgebildet. Weil viele Winzerorte im Mittelalter befestigt wurden und der Raum innerhalb der Mauern knapp war, baute man in die Höhe und ließ über dem steinernen Erdgeschoss ein oder zwei Fachwerkstockwerke vorspringen.

Lange Dorfstraßen mit gut erhaltenen Fachwerkhäusern findet man noch heute im Outre-Forêt, im Land zwischen Wissembourg und dem großen Haguenauer Forst. Sie sind eine kleine Rundfahrt wert, auch wenn die Ebene nicht zum eigentlichen Wandergebiet gehört.

Die Drei Exen bei Eguisheim

Fermes Auberges

O du truriger Michelsdaj
Triebsch die Malker vo de Beri rà
Kas un Butter mien m'r vergasse
Krut un Ruewe mien m'r frasse.
(altes Melkerlied)

Seit dem Mittelalter bewirtschaften die Melker oder ›Malker‹, wie man im Elsass die Sennen nennt, die Hochweiden in den Südvogesen. Zu Beginn des Sommers, Ende Mai, sobald die Wiese grünt, treiben sie ihre gedrungenen Schwarzrücken- schecken in langem, festlichem Zug auf die Berge, und am Sankt Michaelstag, dem 29. September, wenn die Weiden kahl zu werden beginnen, ziehen sie mit der Herde wieder hinunter ins Tal.

Dramatisch verschlechterte sich die wirtschaftliche Lage der Melke- reien ab dem Ersten Weltkrieg, der in den Hochvogesen große Schä- den anrichtete. Allein um den Ross- berg verschwanden in der ersten Hälfte des 20. Jh. die Melkereien Unterer Rossberg (heute Schutz- hütte Waldmatt), Oberer Rossberg und Sattelhütte. Auf der Suche nach einem Ausweg aus dieser Misere besann sich eine Gruppe von elsässischen Melkern auf die

Tradition der Gastfreundschaft, die seit alters im Gebirge lebendig war. Sie organisierten die Bewirtung von hungrigen Wanderern, die seit der Gründung des Vogesenclubs immer zahlreicher auf den Bergen erschienen, und schufen die Fermes Auberges genannten ›Bauerngasthöfe‹, in denen der Gast in rustikaler Umgebung einfache einheimische Gerichte und Getränke findet. ›Zurück zur Natur‹ war die erfolgreiche Parole, und den 35 Melkern aus dem Haut-Rhin, die 1971 die erste Vereinigung der Fermes Auberges gründeten, schlossen sich schon nach wenigen Jahren die übrigen französischen Regionen an.

Unter der Leitung der Landwirtschaftskammer besitzen die Fermes Auberges heute eine nationale Organisation und ein einladendes, offizielles Markenzeichen: ein Tisch mit großem Krug und dampfender Suppenterrine, davor ein Körner pickendes Huhn. Die Landwirtschaftskammer wacht streng darüber, dass die bäuerliche Wirtschaft erhalten bleibt und die angebotenen Produkte aus dem eigenen Betrieb stammen. Die vorgeschriebenen 70 % Eigenproduktion sind freilich nur schwer einzuhalten. Neben Getränken und Grundnahrungsmitteln, die er kaufen muss, braucht ein Bauerngastwirt in den Vogesen vor allem Räucherfleisch in Mengen, die er nicht allein produzieren kann. Deshalb hat das Departement Haut-Rhin, Pionier der Fermes Auberges, seit 1982 eine eigene Charta, die bestimmt, dass die Gerichte mit Zutaten bereitet werden, die aus dem Elsass oder den Vogesen kommen – das lässt sich leichter bewerkstelligen. In die-sen Rahmen passen dann sowohl die urtümlichen kleinen Fermes Auberges, die am Ende eines steinigen Pfades auf den müden Wanderer warten, als auch die großen Bauerngasthöfe der viel befahrenen Route des Crêtes, deren Gäste in der Hochsaison scharenweise im Auto oder Bus anreisen.

An langen Holztischen sitzen sie dann einträchtig nebeneinander, Wanderer und Autotouristen, und lassen sich die kräftige regionale Küche schmecken. Besonders beliebt ist die so genannte Melkermahlzeit *(repas marcaire)*: Fleischpastete und Salat als Vorspeise, danach geräucherter Schweinenacken *(collet)* mit in der Asche gebratenen Kartoffeln *(roigebrageldi)* und zum Nachtisch Siasskas, eine Art Quark mit Kirschwasser und Zucker, vielleicht auch ein Stück Heidelbeerkuchen. Neben diesem opulenten Menü (die Melker aßen früher sehr viel bescheidener Käse, den sie aus der Molke des Munsterkäses herstellten) gibt es natürlich kleine Vespergerichte wie Suppe, Eierkuchen mit Speck, Bibeleskäs (Quark mit Zwiebeln und Schnittlauch) und viele andere. Dazu bieten die meisten Fermes Auberges eigene Erzeugnisse, vor allem Käse, zum Mitnehmen an. Ein Teil der Bauerngasthöfe besitzt auch einfach ausgestattete Gästezimmer.

Wichtig für Wanderer: Fermes Auberges haben oft wechselnde Öffnungszeiten. Nach dem Viehabtrieb im September sind viele nur am Wochenende geöffnet bzw. erst ab 18 Uhr. Um sicherzugehen, ruft man am besten vorher an oder erkundigt sich beim Office du Tourisme.

Tour 1

Burgen der Stauferzeit

Über Lœwenstein, Hohenburg und Wegelnburg zum Fleckenstein

Im Dreiländereck zwischen Elsass, Lothringen und Pfalz erheben sich die mächtigen Türme großer und kleiner Ritterburgen. Sie zeugen von der einstigen Bedeutung dieser Region, durch welche die uralten Verbindungswege vom Rhein zur Mosel führten.

DIE WANDERUNG IN KÜRZE

++
Anspruch

2.15 Std.
Gehzeit

7 km
Länge

Charakter: Mittelschwere Wanderung durch den Wald; Aufstieg vom Gimbelhof (342 m) zur Wegelnburg (573 m). Die Orientierung wird durch sehr viele Markierungszeichen etwas erschwert

Markierung: Roter Punkt vom Gimbelhof bis Col de Hohenbourg; rot-weiß-rotes Rechteck und rotes Dreieck bis Maidebrunnen; rotes Rechteck/GR 53 und rotgelber Streifen bis Col de Hohenbourg; rotes Rechteck oder Dreieck bis Fleckenstein; rot-weiß-rotes Rechteck zum Gimbelhof

Wanderkarten: Club Vosgien No. 2/8; TOP25 3814 ET (Haguenau, Wissembourg)

Einkehrmöglichkeiten: Hotel-Restaurant Gimbelhof. Am Fleckenstein kann man an der Kasse Getränke kaufen. Cheval Blanc in Lembach, eines der besten elsässischen Restaurants

Anfahrt: In Lembach mündet die D 27 (Haguenau, Wœrth) auf die D 3/35 (Wissembourg, Bitche). Zwischen Lembach und Niedersteinbach biegt man von der D 3 auf die D 925 (Schœnau) ab und am Teich von Fleckenstein nach rechts auf einen asphaltierten Forstweg (Gimbelhof). Parkmöglichkeit auf der Wiese vor dem Gimbelhof

Wandersaison: Da der Fleckenstein im Winter nicht besichtigt werden kann und im Sommer auf der Route des Châteaux Forts viele Besucher mit Autos und Bussen anreisen, sind Spätfrühling oder Herbst die beste Wanderzeit

Für Kinder: Le P'tit Fleck, pädag. Spielzentrum zum Thema Wald und Sandstein (Tel. 03 88 94 28 52).

Die Wanderung beginnt an der Wiese vor dem **Gimbelhof** neben der Straße. Unsere Markierung ist zunächst der rote Punkt, der uns bis zum Ende der eingezäunten Wiese und dann in den Buchenwald hinauf bis zum **Col de Hohenbourg** führt (30 Min.). An dieser Kreuzung, an der wir auf den GR 53 stoßen, müssen wir aufpassen! Der Weg zum Krappenfels (rotes Dreieck) fällt hier für ein Stück zusammen mit dem Weg zum Maidebrunnen über Lœwenstein und Hohenburg (rot-weiß-rotes Rechteck). Nachdem wir ein paar Schritte geradeaus gegangen sind, müssen wir uns rechts halten, zuerst auf einem schmalen Pfad, bald darauf auf einem breiten, ebenen Forstweg, auf dem wir in knapp 10 Min. den **Krappenfels** erreichen (40 Min.). Gleich mehrere gewaltige Sandsteinblöcke liegen in einer Linie hintereinander, bieten nach Norden eine schöne Aussicht auf den Pfälzerwald und bei gutem Wetter auch einen Rastplatz.

Vom Krappenfels geht es auf demselben Forstweg ca. 5 Min. zurück und dann an einem Stein mit dem Rechteck (aufpassen!) rechts in den Wald hoch. In kurzer Zeit erreichen wir, immer mit dem rot-weiß-roten

Rechteck, den **Lœwenstein** (50 Min.), die kleinste und am wenigsten erhaltene der vier Burgen, die wir heute besuchen. Die Burg, von der nur sehr spärliche Reste erhalten sind, erhebt sich auf zwei nebeneinander liegenden, durch eine Schlucht getrennten Felsklötzen. Wahrscheinlich im 13. Jh. errichtet, wurde sie bereits 1386 als Raubritternest durch Johann von Lichtenberg und die Stadt Straßburg zerstört. Nach der Volkssage, deren historischer Kern wohl ins 15. Jh. zurückreicht, hauste auf dem Lœwenstein der Lindenschmidt, ein gefürchteter Raubritter und Wegelagerer. Die Ballade von der Überlistung, Gefangennahme und Enthauptung des Lindenschmidt durch einen Junker Kasper ist seit Ende des 16. Jh. wiederholt in Liederbüchern und auf Fliegenden Blättern überliefert. Lite-

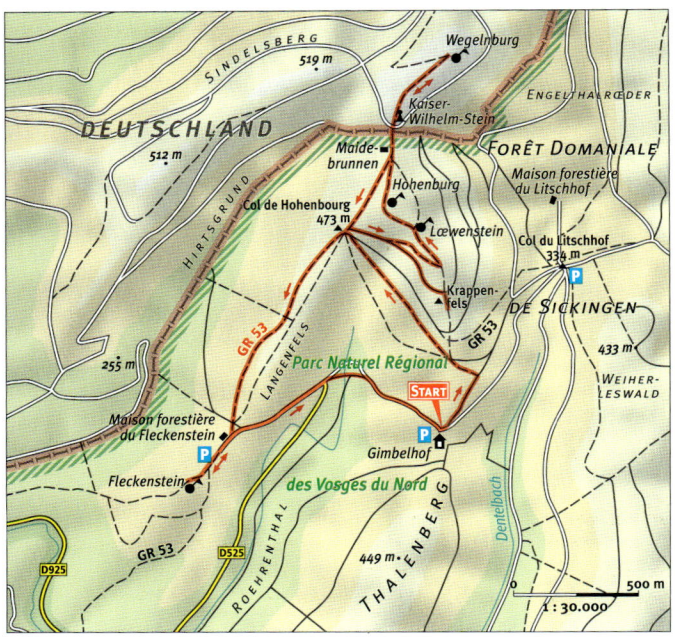

rarisch bekannt wurde sie durch Goethe, der das Lindenschmidtlied zusammen mit elf anderen Volksballaden während seines Straßburger Aufenthaltes für Herder aufzeichnete.

Bald darauf erreichen wir die **Hohenburg** (1 Std.), eine größere Anlage, die auch eine ganz vorzügliche Aussicht bietet. Sie war der Stammsitz angesehener staufischer Adliger. Deren bekanntester Vertreter, der Minnesänger Konrad Puller von Hohenburg, begleitete König Rudolf auf seinen beiden Feldzügen gegen Ottokar von Böhmen (1276 und 1278). Seine Lieder an die ferne Geliebte sind in der berühmten Manessischen Liederhandschrift überliefert. Nach dem Aussterben des Geschlechts kam die Burg 1482 an die Sickinger, wurde 1523, nach dem Tod von Franz von Sickingen, dem berühmten Führer der protestantischen Reichsritterschaft, niedergebrannt, von dessen Erben wieder aufgebaut und 1680 durch den französischen Marschall Montclar endgültig zerstört.

Der älteste Teil der Anlage aus dem 13. Jh. gruppiert sich eng um den von einer Ringmauer umschlossenen Felsen. Den mächtigen, halbrunden Geschützturm am Fuß des Berges ließ Franz von Sickingen anlegen. Das Eingangstor mit reicher, noch erkennbarer Renaissanceskulptur und die Wappensteine stammen aus der Zeit nach dem Wiederaufbau (1542).

Vom **Maidebrunnen,** unserem nächsten Ziel, machen wir einen Abstecher zur Wegelnburg, die bereits in Deutschland liegt. Auf einem breiten Weg folgen wir dem roten Rechteck leicht abwärts nach rechts, überschreiten ungehindert die Grenze und gehen am Pavillon vorbei geradeaus den Berg hinauf bis zur **Wegelnburg** (Markierung rotgelber Streifen und weißes Quadrat; der Pfalz-Vogesen-Wanderweg mit dem roten Rechteck führt nicht zur Burg; 1.15 Std.). Die Geschichte der Wegelnburg, die heute schon zur Pfalz gehört, ist ebenfalls eng mit dem Elsass verbunden. Wie der benachbarte Fleckenstein und die Hohenburg war sie im 13. Jh. im Besitz von staufischen Dienstleuten, kam später an Kurpfalz und wurde, wie die beiden vorgenannten Burgen, im Jahr 1680 von Montclar im Auftrag Ludwigs XIV. zerstört.

Auf dem gleichen Weg kehren wir anschließend zum **Maidebrunnen** zurück. Zur vierten und letzten Burg des Tages, dem Fleckenstein, können wir jetzt bequem über den GR 53 (rotes Rechteck) hinunterwandern. Ohne Umweg über Lœwenstein und Hohenburg geht es in 10 Min. durch den Wald direkt zu dem uns schon bekannten **Col de Hohenbourg** (an der ersten Weggabelung nach dem Maidebrunnen müssen wir uns rechts halten!) und von hier in weiterer 20 Min. zur Ruine **Fleckenstein** (2 Std.). Wer gerne klettert, kann vom Col de Hohen-

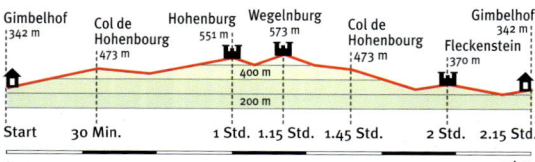

Gimbelhof		Hohenburg	Wegelnburg			Gimbelhof
342 m		551 m	573 m			342 m
	Col de Hohenbourg			Col de Hohenbourg		Fleckenstein
	473 m			473 m		370 m

400 m

200 m

Start   30 Min.   1 Std. 1.15 Std. 1.45 Std.   2 Std. 2.15 Std.

0   7 km

Hof am Fleckenstein

bourg bis zum Forsthaus Fleckenstein auch den etwas längeren Felsenpfad nehmen (rotes Dreieck), der sehr eindrucksvoll an einer ganzen Kette von bizarren Sandsteinformationen vorbeiführt. Die Herren von Fleckenstein, die im 12. Jh. im Gefolge der Staufer erscheinen, waren nach den Grafen von Lichtenberg das mächtigste Geschlecht im nördlichen Elsass. Kühn thront ihre im Lauf der Zeit immer wieder veränderte Burg auf einem fast senkrecht emporsteigenden, lang gestreckten

Sandsteinriff, dessen Wände kunstvoll mit Mauern verblendet waren. Durch ein mächtiges Eingangstor aus dem 15. Jh. betritt man die weiten Vorhöfe, die noch die in den Felsen gehauenen Rinnsteine für Zisternen und Tränken aufweisen. Eine ehemalige Zugbrücke und zwei direkt an die Felswand gebaute viereckige Türme – ein ehemaliger Treppenturm mit Wendeltreppe und ein Turm mit Brunnenkammer, Flaschenzug und doppelter Felsentreppe – führen zur oberen Plattform, auf de-

*Burgruine
Fleckenstein*

ren Spitze sich die Reste des im 16. Jh. neu erbauten Renaissancepalas befinden. Zu den zahlreichen Gängen und Gemächern, die labyrinthartig in den Sandstein gehauen sind, gehört auch der ursprüngliche Eingangssaal, in dem heute ein kleines Museum eingerichtet ist.

Jahrhundertelang hat die kühne Befestigung die Fantasie der Menschen beschäftigt. Noch zu Beginn des 17. Jh. regte der Fleckenstein den Straßburger Stadtbaumeister und Festungsarchitekten Specklin zu seiner berühmten Idealdarstellung einer Felsenburg an, welche die Anlage ganz fantastisch in die Höhe

zieht und die dann von Merian 1663 in seiner »Topographia Alsatiae« übernommen wurde.

Nach der Besichtigung der Burg, die zu den größten Anlagen der Vogesen gehört, gehen wir auf dem mit dem rot-weiß-roten Rechteck bezeichneten Weg zurück zum **Gimbelhof** – zunächst auf der asphaltierten Fahrstraße, wieder vorbei am Forsthaus, und dann in einer Kurve geradeaus in den Wald hinauf und zur Wiese beim Hotel (2.15 Std.). Nachdem wir auf so viele Burgen geklettert sind, haben wir wohl eine Stärkung verdient.

Schauplatz des Walthariliedes

Zur Burg Wasigenstein und zum Maimont   X 23. 10

Der Wasigenstein, eine für die Nordvogesen typische Felsenburg, ist in der deutschen Literaturgeschichte bekannt als der Schauplatz des Walthariliedes. Im Spätfrühling und im Herbst ist die Wanderung durch die Farben des Laubwaldes besonders schön.

DIE WANDERUNG IN KÜRZE

++

Anspruch

2.45 Std.
Gehzeit

9 km
Länge

Charakter: Mittelschwere Wanderung durch den Wald; Aufstieg von Niedersteinbach (227 m) zum Maimont (513 m). Im Sommer kann der Anmarsch durch das Steinbachtal beschwerlich werden

Markierung: Rotes Dreieck und Rechteck/GR 53 bis Klingelfels; roter Punkt bis Col du Maimont; rot-weißrotes Rechteck bis Wasigenstein; rotes Rechteck und Kreuz bis Niedersteinbach

Wanderkarten: Club Vosgien No. 2/8; TOP25 3814 ET (Haguenau, Wissembourg)

Einkehrmöglichkeiten: Gasthäuser in Niedersteinbach, u. a. das Hotel-Restaurant Au Cheval Blanc. In Obersteinbach das Restaurant Anthon

Anfahrt: Niedersteinbach liegt an der D 3/35, Wissembourg, Bitche. Parken vor dem Hotel Au Cheval Blanc am Ortsausgang (Richtung Bitche)

Maison des Châteaux forts: Kleines Burgenmuseum in Obersteinbach

Für Kinder: Die Wanderung ist für Kinder geeignet, wenn man mit dem Auto direkt zum Parkplatz am Klingelfels fährt – zwischen Ober- und Niedersteinbach auf die D 190 (Richtung Wengelsbach) einbiegen. Zum Maimont hin und zurück braucht man dann nur ungefähr 1 Std. Gehzeit

Vom Hotel Au Cheval Blanc am Ortsausgang von **Niedersteinbach** bummeln wir die Dorfstraße in Richtung Lembach hinunter. Zahlreiche Brunnen mit steinernen oder hölzernen Trögen, heute meist mit Blumen geschmückt, erinnern an die Wasserversorgung des 19. Jh. Vor dem letzten Haus auf der linken Seite finden wir ein Schild ›Wengelsbach, Zigeunerfels‹ (rotes Dreieck), und wir folgen dem ziemlich steilen Fußpfad ungefähr 25 Min. in den Wald hinauf, bis wir an einem breiten Forstweg auf den GR 53 stoßen. Hier gehen wir links, nach dem Schild ›Zigeunerfels, Wasigenstein‹ (rotes Rechteck), bis wir nach weiteren

20 Min. vor dem **Zigeunerfels** stehen (45 Min.), den wir über eine Holzleiter und eine in Stein gehauene Treppe besteigen können. Eine Zigeunerbande, die im Schutz der unwegsamen Wälder um Bitche von Jagd und bewaffneten Raubzügen lebte, soll hier einst belagert und endlich, nachdem man Baumstämme aufeinander geschichtet hatte, bei lebendigem Leibe verbrannt worden sein.

Vom Zigeunerfels führt uns das rote Rechteck leicht bergab durch den Wald zu einem größeren Parkplatz und dann weiter geradeaus auf dem asphaltierten Sträßchen nach Wengelsbach bis zum Parkplatz am **Klingelfels** (1 Std.). Jetzt müssen wir gut aufpassen. Wir gehen nicht direkt zum Wasigenstein, sondern nehmen rechts vom Klingelfels den fast ebenen Weg mit dem roten Punkt bis zum **Col du Maimont** (1.15 Std.), wo wir, etwas versteckt am Hang, das rot-weiß-rote Rechteck finden. Mit diesem Zeichen steigen wir nun auf einem schmalen Pfad zwischen hohen Buchen bequem zur Kuppe des **Maimont** hinauf (1.30 Std.). Hier verläuft die Grenze zwischen dem Elsass und der Pfalz, und eine Inschrift erinnert an die französischen Alpenjäger, die im Zweiten Weltkrieg an dieser Stelle kämpften. 1925 förderten Ausgrabungen auf dem Maimont Spuren eines keltischen Castellum mit Befestigungswällen und Wohnstätten aus der La-Tène-Zeit zu Tage, und heute sehen

wir im lichten Wald noch Reste der terrassenförmigen Anlage sowie einen ausgehöhlten Felsblock, der ›Opferstein‹ genannt wird.

Für den Rückweg wählen wir bis zum Col du Maimont dieselbe Strecke, dann folgen wir dem rot-weißroten Rechteck bis zur **Burg Wasigenstein** (2 Std.), aufgeteilt in Groß- oder Alt-Wasigenstein und Klein- oder Neu-Wasigenstein. Beide Burgen wurden im 13. Jh. von den Herren von Wasigenstein errichtet und kamen nach dem Erlöschen dieser Familie (1355) an verwandte elsässische Adelsgeschlechter. Im Dreißigjährigen Krieg wurde die Anlage zerstört. Besonders beeindruckend und typisch für die Nordvogesen ist die Nutzung der riesigen Felssockel aus rotem Sandstein als natürliches Fundament: einziger Zugang zum Groß-Wasigenstein sind die in den Fels gehauenen hohen Treppenstufen.

Über das Elsass hinaus berühmt ist der Wasigenstein als der Schauplatz des Walthariliedes, einer lateinischen Hexameterdichtung, die wahrscheinlich auf ein althochdeutsches Heldenlied zurückgeht und die stoffgeschichtlich mit dem Nibelungenlied verwandt ist. Nach jüngsten Forschungen ist die Geschichte eines Kampfes zwischen König Gunter, Hagen und Walther von Aquitanien schon am Ende des 9. Jh. entstanden. Im 19. Jh. übertrug Joseph Victor von Scheffel das Waltharilied in deutsche Verse und nahm es vollständig in seinen historischen Ro-

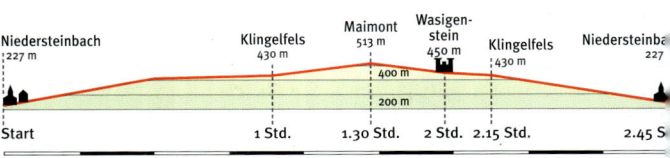

Niedersteinbach 227 m		Klingelfels 430 m	Maimont 513 m	Wasigen- stein 450 m	Klingelfels 430 m	Niedersteinba 227
				400 m		
			200 m			
Start		1 Std.	1.30 Std.	2 Std. 2.15 Std.		2.45 St

0   9 l

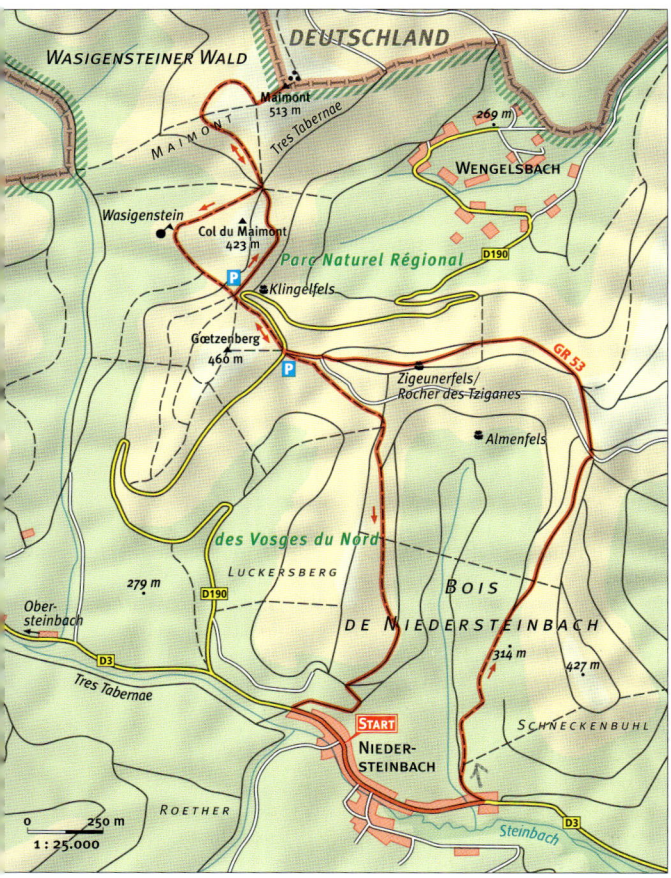

man »Ekkehard« auf, der seinerzeit viel gelesen wurde und das gebildete Publikum mit dem Wasigenstein bekannt machte.

Nach der Besichtigung des Wasigensteins, bei der wir um die 50 Steinstufen erklimmen müssen, gehen wir in einer Viertelstunde über den Klingelfels zum ersten Parkplatz zurück (Richtung Zigeunerfelsen, rotes Rechteck/GR 53). Dort nehmen wir am Ende des Platzes, bei Parzelle 116, den mit einem roten Kreuz markierten Abstieg nach **Niedersteinbach,** für den wir ungefähr 30 Min. brauchen (2.45 Std.).

Befestigungswerke

Im Dreieck zwischen Lembach, Obersteinbach und Dambach, in Nähe der Pfälzer Grenze, können wir neben Wasigenstein und Fleckenstein noch mehr mittelalterliche Burgen besuchen.

Frœnsburg: Parken an der D 3 zwischen Lembach und Niedersteinbach, in der Nähe der Ferme Frœnsbourg; dann ein halbstündiger Fußmarsch (blaues Rechteck).

Klein-Arnsburg: liegt direkt über Obersteinbach; eine Viertelstunde Fußweg von der Schule.

Luetzelhardt: ca. 1,5 km nach Obersteinbach (D 3, Richtung Bitche) zur Maison forestière Lutzelhardt einbiegen, am Blockhaus parken und in 10 Min. zur Burg wandern (gelbes Rechteck).

Wittschlœssel: Parken am Col du Langthal zwischen Obersteinbach und Wineckerthal (D 53); dann ein halbstündiger Fußmarsch (gelber Punkt und Dreieck).

Schœneck: dieselbe Anfahrt wie für das Wittschlœssel und 20 Min. Fußmarsch (gelbes Rechteck).

Wineck: Parken an der Maison forestière Herrenhof, ebenfalls an der D 53 zwischen Obersteinbach und Wineckerthal, und in einer Viertelstunde nach Wineck wandern (gelber Punkt).

Die drei zuletzt genannten Burgen kann man auch auf einer kleinen Tagestour besichtigen: Obersteinbach – Wittschlœssel – Wineck – Maison forestière Herrenhof – Schœneck – Obersteinbach.

Hohenfels: dreiviertelstündiger Fußmarsch von Dambach in westlicher Richtung (gelbes Kreuz).

Alt- und Neu-Windstein: zwischen Wineckerthal und Jaegerthal (D 53) am Hotel-Restaurant Au Windstein zum Parkplatz hinauf einbiegen, der auf dem Bergsattel zwischen beiden Burgen liegt; Gasthaus am Parkplatz.

Kurz vor Lembach liegt ein komplett eingerichtetes Befestigungswerk der **Maginot-Linie,** der Four à Chaux (Auskunft zu Führungen im Syndicat d'Initiative Lembach, s. S. 162). Eine kleinere Kasematte gibt es bei dem Dörfchen Dambach.

Abendstimmung in den Nordvogesen

An der Maginot-Linie

Von Schœnenbourg nach Hunspach

Das Werk Schœnenbourg ist die größte zugängliche Befestigungs-
anlage der Maginot-Linie im Elsass, das benachbarte Hunspach gilt
als eines des schönsten Fachwerkdörfer des Landes.

DIE WANDERUNG IN KÜRZE

+
Anspruch

3 Std.
Gehzeit

10 km
Länge

Charakter: Einfache Wanderung im bäuerlichen
Hügelland – Äcker, Wiesen
und Wald

Markierungen: Roter Ring
um Schœnenbourg und
grüner Ring um Hunspach.
Die Markierungszeichen
sind etwas sporadisch

Wanderkarten: Club Vosgi-
en No. 2/8; TOP25 3814 ET
(Haguenau, Wissembourg)

Einkehrmöglichkeiten:
In Hunspach Dorfgasthaus
Au Cerf

Anfahrt: Schœnenbourg
liegt an der D 264, zwi-
schen Haguenau und Wis-
sembourg. Parken an der
Kirche

Eintritt: Gebühr für die
Besichtigung des Fort de
Schœnenbourg

Zwischen den beiden Weltkriegen
baute Frankreich einen gewaltigen
Festungsgürtel von den Ardennen
bis zum Oberrhein, der Lothringen
und das Elsass vor deutschen An-
griffen schützen sollte – nach dem
damaligen Kriegsminister Maginot-
Linie genannt.

Als die deutschen Truppen bei
Kriegsbeginn diese Linie unter Ver-
letzung der holländischen und bel-
gischen Neutralität umgingen, verlor
sie ihre strategische Bedeutung, und
die Besatzung der uneinnehmbaren
Forts musste sich beim Waffenstill-
stand 1940 ergeben. Heute kümmert
sich die ›Association des Amis de la
Ligne Maginot d'Alsace‹ um die Er-
haltung der unterirdischen Werke,
Zeugen der gigantischen Kriegsin-
vestitionen.

Weil der Rundweg auf der Karte
des Club Vosgien ungenau eingezeichnet ist, auf der TOP25-Karte
überhaupt fehlt und die Markierungszeichen im Gelände etwas sporadisch erscheinen, ist die Wegbe-
schreibung pedantisch genau.

Die Wanderung beginnt in Schœnenbourg an der Kirche Ste-Agathe,
die bei den Kämpfen 1940 zerstört
und erst 1956–62 wieder aufgebaut
wurde. Nur die alte Linde an der
Mauer hat den Krieg überlebt und
steht heute unter Naturschutz. Vom
Kirchhügel gehen wir die Rue du
Tilleul hinunter, biegen nach links in
die Rue de la Mairie, dann nach
rechts in die Rue de la Paix ein und
erreichen bald darauf die Durchgangsstraße, D 264, von Soultz nach
Wissembourg.

Am weithin sichtbaren Wasserturm vorbei wandern wir nun in Richtung Dorfausgang – gleich an einem der ersten Laternenpfähle klebt unser Markierungszeichen, der rote Ring. Dieser führt uns am Transformatorhäuschen (in einer Kurve) von der Hauptstraße in die kleinere Rue des Papillons. Im Gegensatz zu den hübschen alten Fachwerkhäusern im Dorfzentrum sind die Neubauten weniger anziehend, aber wir lassen sie bald hinter uns und wandern nun ein Stück auf einem Feldweg zwischen Wald und Kornfeldern. Wenn wir auf eine kleine asphaltierte Straße stoßen – die Autostraße zum Werk Schœnenbourg –, weist uns der rote Ring nach rechts. Auf einem ziemlich morastigen Weg mit tiefen Fahrspuren durchqueren wir ein Waldstück und gelangen, nach etwa 5 Min., auf eine hübsche Wiesenfläche mit einem alten Fachwerkgehöft, der **Grasersloch Ferme,** ebenfalls mit einer schönen Linde (30 Min.).

Unser Weg, jetzt ein Bauernsträßchen, führt am Hof vorbei durch Wiesen und Felder und dann wieder ein Stück am Waldrand entlang. Die sanft hügelige Landschaft mit Nuss- und Kirschbäumen ist hier besonders angenehm. Nach etwa 10 Min. stoßen wir wieder auf die schon einmal berührte kleine Autostraße zur Festung Schœnenbourg. Wir gehen links und gleich darauf, am Waldrand, wieder rechts. Wer möchte, kann an dieser Stelle einen Ab-

stecher zum Eingang des unterirdischen Bunkers machen, wo auch die Führungen beginnen: eine knappe Viertelstunde durch den Wald hin und zurück.

Unser markierter Rundweg führt dagegen auf ziemlich schlechten Pfaden immer mehr oder weniger am Waldrand entlang bis zu einem **Wasserhäuschen** (1 Std.). Schon von weitem erkennen wir auf der Höhe die oberirdischen Reste der Maginot-Linie, und auf der gegenüberliegenden Wiese können wir zwischen seltsamen großen Stahlkuppeln mit Schlitzen umherklettern, ehemaligen Ausgucktürmen, die der friedliche Wanderer heute als Picknickplatz benutzen kann, da sie eine schöne Sicht über das Land bieten.

Weiter geht es mit dem roten Ring (sporadisch!) zum Weiler Oberhof, der gut sichtbar in einer leichten Bodensenke vor uns liegt. Wenn wir uns an den durch die Bäume schimmernden Häusern orientieren, ist die etwas kompliziert erscheinende Route (wenig markiert) leicht zu finden. Also – am Wasserhaus nehmen wir den auf einer Seite von hohen Vogelkirschbäumen eingefassten Pfad, der vom Waldrand weg in die Felder führt, biegen gleich darauf, wenn die Bäume aufhören, nach rechts, ein Stück später nach links, dann nochmals nach rechts ab und erreichen bald die ersten Höfe des einsamen Dörfchens **Oberhof** (1.15 Std.). Hier herrscht inmitten der Felder tiefes bäuerliches Elsass – Wirt-

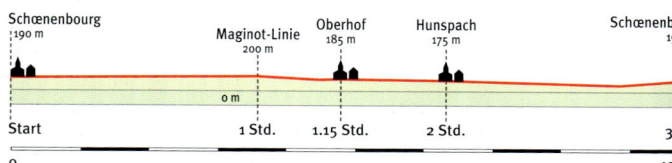

schaftsgebäude, das Fachwerk teilweise unverputzt, viele Fliegen im Sommer – von Touristen keine Spur.

Ganz anders unser nächstes Ziel, das Kirchdorf Hunspach. In Oberhof gehen wir auf der kleinen asphaltierten Straße nach links, befinden uns gleich wieder außerhalb der Ortschaft, überqueren nach etwa 5 Min. eine Autostraße (D 264) und gehen nun auf einem leicht ansteigenden Feldweg zwischen Raps und Mais bis kurz vor eine zweite Autostraße (D 249), die nach Hunspach führt, das wir jetzt vor uns liegen sehen. Wir können das Dorf über diese Fahrstraße erreichen oder, mit weniger Benzingestank, über einen Feldweg: zuerst nach links und dann, an einem Bach entlang, nach rechts. Diese Wegstrecke ist von Zeit zu Zeit

auch mit dem grünen Ring markiert. Von Oberhof bis **Hunspach** brauchen wir etwa eine dreiviertel Stunde (2 Std.). Das Dorf, an der Route des Villages pittoresques, ist bekannt für sein gut erhaltenes, geschlossenes Ortsbild. Wir gehen die Rue Principale hinunter, deren Fachwerkhäuser, weiß mit braunen Balken, alle giebelseitig zur breiten Straße stehen und von geräumigen Höfen getrennt werden. Sie haben die typischen Vordächlein, bunte Blumengärten und die traditionellen roten Geranientöpfe an den Fenstern, diese oft noch mit Spiegelscheiben – man kann hinaus, aber nicht hineinschauen! Das Adjektiv ›malerisch‹ ist hier ganz zutreffend, weniger einladend nur, dass an so vielen geschlossenen Hoftoren vor dem bissigen Hund gewarnt wird: ›Ich brauche fünf Sekunden bis zur Tür, und Du?‹ (in deutscher Sprache!). Rasten können wir im Dorf entweder auf den Bänken vor der Kirche unter Linden und Kastanien oder etwas abseits des Wanderwegs im Gasthaus Au Cerf (am unteren Dorfende die Rue Principale nach links hochgehen und oberhalb der Post in die Rue de la Gare einbiegen).

Frisch gestärkt verlassen wir Hunspach in Richtung Hoffen (D 76), kommen am Office du Tourisme vorbei und nehmen gleich darauf am Dorfausgang die kleine Straße auf der rechten Seite. Sie geht bald in einen leicht ansteigenden, von Nuss- und Kirschbäumen gesäumten Hohlweg über, der dann als steiniger Feldweg auf und ab durch das Gelände führt. Auf dem Hügel vor uns erblicken wir Schœnenbourg, dahinter die bewaldeten Höhen der Nordvogesen. Wir kümmern uns nicht um die Wege zur Rechten und Linken – markiert oder unmarkiert – sondern wandern immer geradeaus, bis wir nach einer Steigung auf ein asphaltiertes Sträßchen stoßen. Jetzt gehen wir rechts in Richtung Dorf und am Ortseingang vor **Schœnenbourg** links über die Rue de la Bergerie zur Kirche hinauf (3 Std.).

Besonders aktive Wanderer können zum Abschluss auch noch einer Führung durch das perfekt ausgerüstete unterirdische Festungswerk Schœnenbourg folgen: am Ortseingang (Richtung Soultz) die beschilderte Autostraße nehmen. Warme Kleidung nicht vergessen!

Befestigungswerke der Maginot-Linie

Patriotische Denkmäler

Ein Gang über das Schlachtfeld von Wœrth

Am 6. August 1870 tobte auf den reben- und hopfenbestandenen Höhen über dem Landstädtchen Wœrth eine der blutigsten Schlachten des Deutsch-Französischen Krieges (1870/71). Zahlreiche Feldgräber und Kriegerdenkmäler erinnern an die 20 000 Gefallenen.

DIE WANDERUNG IN KÜRZE

+
Anspruch

2.15 Std.
Gehzeit

7 km
Länge

Charakter: Längerer Spaziergang; bis Frœschwiller auf geteerten Landsträßchen durch Felder und Wiesen, dann auf unbefestigten Wegen durch den Wald

Markierung: Die gesamte Strecke ist mit einem roten Ring markiert

Wanderkarten: Club Vosgien No. 2/8; TOP25 3814 ET (Haguenau, Wissembourg)

Einkehrmöglichkeiten: In Wœrth ländliche Gasthöfe

Anfahrt: Wœrth liegt an der D 27 zwischen Haguenau und Lembach. Parken gegenüber dem Bayerndenkmal (Ortsausgang, Richtung Lembach)

Musée de la Bataille du 6 Août 1870: In Wœrth zeigt das Museum Schlachtpläne, Erinnerungsstücke und ein Diorama mit mehr als 4000 handbemalten Zinnfiguren, das den Angriff der französischen Kürassiere zwischen Frœschwiller und Elsasshausen darstellt

In der Bodenfalte zwischen Elsasshausen, Frœschwiller und Wœrth, durch die uns der Spaziergang führt, fand die berühmte Reiterattacke der Kürassiere von Reichshoffen statt – im Diorama des Museums in Wœrth dargestellt. Wer einmal an einem heißen Augusttag auf den von den Franzosen besetzten Höhen gestanden hat, fragt sich mit Schaudern, wie die schwer bepackten deutschen Infanteristen da hinaufgekommen sind!

Vom Parkplatz gegenüber dem Bayerndenkmal in **Wœrth** gehen wir die Grand'Rue ein kleines Stück in die Stadt zurück (Richtung Haguenau), dann folgen wir dem Schild ›Champ de Bataille du 6 Août 1870, Elsasshausen‹ den Berg hinauf. Markiert ist die Route auch mit dem blauen und roten Ring des Club Vosgien. Am Ortsausgang erhebt sich neben der Straße weit sichtbar der 1956 errichtete Obelisk und dahinter, am Ende einer Tannenallee, eine kleinere Stele für die französischen Truppen aus Nordafrika, Zuaven und Turkos. Vom 13 m hohen Siegesdenkmal der III. Deutschen Armee, das sich ursprünglich in der Nähe befand, gibt es keine Spuren mehr.

Wir folgen nun der kleinen Straße weiter aufwärts und erreichen bald

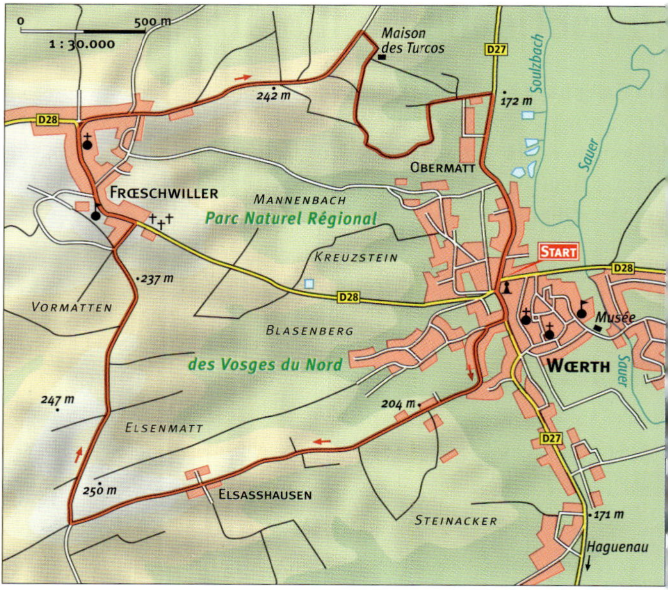

Tour 4

das nächste Denkmal, einen runden Turm für das kurhessische Feld-Artillerie-Regiment Nr. 11, der eine schöne Aussicht bietet über Wiesen mit Obstbäumen, kleine Weinberge, Mais- und Sonnenblumenfelder – eine friedliche Hügellandschaft, die so gar nicht zum blutigen Schlachtfeld geschaffen scheint.

Auf einer Wiese am Ortsrand von **Elsasshausen,** das nur aus wenigen Häusern besteht, liegt ein weiterer großer Gedenkstein, dieses Mal für das 2. hessische Infanterie-Regiment Nr. 82 – »mit Gott für König und Vaterland«.

Ein Stück nach Elsasshausen folgt dann am Straßenrand zwischen zwei hohen Eichen ein 4 m hoher Granitblock für das 5. thüringische Infanterie-Regiment Nr. 94 und etwas weiter der stolze Löwe des 3. kurhessischen Infanterie-Regiments Nr. 83. An der nächsten Kreuzung (45 Min.) müssen wir rechts gehen (roter Ring) und erreichen auf der Landstraße in ungefähr 20 Min. das auf der Höhe liegende Dorf **Frœschwiller** (1 Std.). Unterwegs sehen wir französische und deutsche Einzelgräber sowie ein Denkmal für das 3. württembergische Jäger-Bataillon.

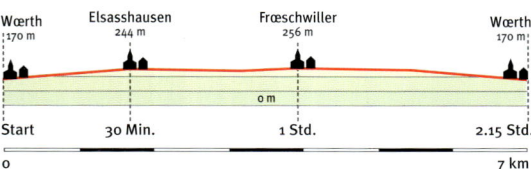

Frœschwiller, das unter der Schlacht besonders leiden musste, ist heute ein ruhiges, etwas verschlafenes Dorf – Fachwerkhäuser mit den typischen Wetterdächlein, keine Industrie, kein Tourismus. Wir gehen die Hauptstraße hinauf, kommen an der 1872/76 aus Spenden erbauten Friedenskirche vorbei, dem angrenzenden einfachen Schloss der Grafen von Dürkheim-Montmartin und der kleineren katholischen Kirche, die ebenfalls nach 1871 errichtet wurde.

Unser nächstes Ziel ist jetzt das auf einem Hügel gelegene Turkohäuschen, der Schauplatz des letzten Sturmangriffs der nordafrikanischen Regimenter. In der Linkskurve am Ortsausgang folgen wir dem roten Ring nach rechts in ein Neubauviertel, Rue de Langensoultzbach, Rue du Liebfrauenthal, und dann weiter auf dem unbefestigten Weg durch den Wald bis zum Kreuz für Charles Trawitz vom 1. Zuaven-Regiment. Gleich danach führt uns der rote Ring nach rechts, und bald stehen wir vor den Grundmauern des **Turkohäuschens,** einem ehemaligen Rebhäuschen, in dem der Feldhüter einst Reben und Obstanlagen überwachte (1.30 Std.). Es hat traurige Berühmtheit erlangt durch die heldenhafte Verteidigung der nordafrikanischen Regimenter, der Turkos, die hier in großer Zahl gefallen sind.

Am Turkohäuschen bleiben wir auf dem breiten Feldweg (nicht den Pfad in den Wald hinunter nehmen!) und gelangen über eine weite Lichtung und ein sich anschließendes Wiesengelände ganz allmählich wieder hinab ins Sauertal. Texttafeln am Wegrand geben Hintergrundinformationen zur Schlacht, ein Grab im Wald erinnert an die Offiziere der Turkos, und ein letztes Doppeldenkmal, diesmal für das niederschlesi-

sche Pionierbataillon Nr. 5, erhebt sich links über uns in den Weinbergen (1.45 Std.). Dann erreichen wir bei einer Fabrik die Fahrstraße und kehren auf einem parallel laufenden Fußweg nach **Wœrth** zurück (2.15 Std.).

Die Schlacht von Wœrth

In der Schlacht von Wœrth, die die Franzosen *La bataille de Reichshoffen* nennen, verlor Frankreich gleich zu Beginn des Deutsch-Französischen Krieges seine elsässischen Besitzungen. Nach dem ersten Blitzsieg bei Wissembourg am 4. August 1870 steht die III. deutsche Armee auf französischem Boden, und die Truppen des Marschalls MacMahon, die den Vorstoß auf Straßburg aufhalten sollen, besetzen das Plateau auf dem rechten Ufer der Sauer. Parallel zur französischen Position verlaufen die deutschen Linien. Früh am Morgen des 6. August entbrennt die Schlacht. Der entscheidende deutsche Durchbruch kommt am frühen Nachmittag. MacMahon antwortet mit den später berühmt gewordenen Attacken der *cuirassiers de Reichshoffen*. Nach einem letzten mutigen Sturmangriff der drei algerischen Regimenter können die siegreichen deutschen Truppen am Spätnachmittag in das zerstörte Dorf Frœschwiller einziehen. Das gesamte Elsass wird von deutschen Truppen besetzt, und nur Straßburg hält fast zwei Monate der Belagerung stand.

20 000 Tote bleiben auf dem Schlachtfeld zurück. Daran erinnert das Altarbild der Frœschwiller Friedenskirche – eine Grablegung.

Zur Wiege der Eisenindustrie

Von Niederbronn über den Grand-Wintersberg nach Jaegerthal

Auf den Spuren der Kelten geht die Wanderung zum Grand-Wintersberg, dann nach Jaegerthal, wo die erste Eisengießerei der Familie de Dietrich stand. Holzkohle und Wasserkraft waren hier im 18. Jh. die Voraussetzungen für die Eisenverhüttung.

DIE WANDERUNG IN KÜRZE

++
Anspruch

5 Std.
Gehzeit

18 km
Länge

Charakter: Lange, mittelschwere Wanderung mit einem kräftigen Anstieg von Niederbronn zum Grand-Wintersberg

Markierung: Rotes Rechteck/GR 53 bis Col de la Liese; grüner Punkt bis Jaegerthal; blaues Rechteck/GR 531 bis Niederbronn

Wanderkarten: Club Vogsien No. 2/8, TOP25 3814 ET (Haguenau, Wissembourg) und TOP25 3714 ET (La Petite-Pierre)

Einkehrmöglichkeiten: Restaurants in Niederbronn. Hotel-Restaurant du Jaegerthal (Di abend/Mi Ruhetag). Hotel-Restaurant Hochscheidt (Di abend/Mi Ruhetag)

Anfahrt: Niederbronn liegt an der N 62 Haguenau, Bitche, Parken am Bahnhof

Maison de l'Archéologie: In Niederbronn, Bodenfunde von der Vor- und Frühgeschichte über die Römerzeit bis ins Mittelalter, Platten- oder Kastenöfen aus der Eisengießerei de Dietrich

Niederbronn-les-Bains, am steilen Osthang der Vogesen gelegen, präsentiert sich als eine kuriose Mischung aus Kurort und Industriestädtchen. Den Falkensteinbach entlang, in Richtung Bitche, ziehen sich die im 18. Jh. entstandenen Eisengießereien mit den einstöckigen Arbeiterhäusern; im Ortszentrum von Niederbronn liegen die Kuranlagen um die Source Romaine, eine eisen- und natriumhaltige Mineral-

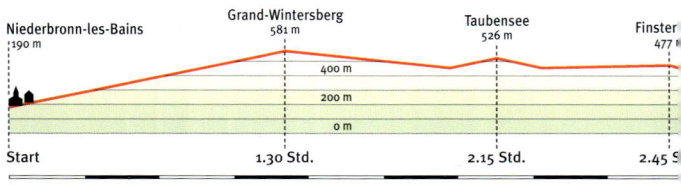

quelle, die schon den Römern bekannt war.

Wir beginnen unsere Wanderung am Rathaus (Rue de la République, Parc Grunelius, Les Acacias) – Markierung ist das rote Rechteck. Am Ortsausgang, bei der **Source Celtic** oder Source Lichteneck, der zweiten Mineralquelle, beginnt der Aufstieg zum Grand-Wintersberg.

Vor dem Gebäude der Keltenquelle durchqueren wir die kleine Anlage mit der Brunnenfigur und stoßen dann auf den GR 53 (rotes Rechteck), der uns durch das Dittenbachtal zum Grand-Wintersberg und zum Col de la Liese führt. Ca. 15 Min. nach unserem Abmarsch von der Quelle (45 Min.) biegen wir von dem breiten roten Sandweg nach rechts auf einen schmalen Pfad, nach weiteren 25 Min. lassen wir die Abzweigung zum Camp Celtic links liegen und erreichen nach einem letzten kräftigen Anstieg den höchsten Punkt unserer Wanderung, den **Grand-Wintersberg** (1.30 Std.). Vom obligatorischen, 25 m hohen Aussichtsturm, erbaut aus rotem Sandstein, können wir unseren Blick weit über die Wälder der Nordvogesen und der Pfalz schweifen lassen, bis hin zum fernen Schwarzwald, der aus der Oberrheinebene aufsteigt.

Weiter geht es auf dem GR 53 – zuerst quer über den Platz vor dem Turm und dann in den Wald hinunter, bis zum **Col de la Liese** (1.45 Std.).

Der prähistorische Stein steht heute neben der Hütte des Vogesenvereins, in der an Sonn- und Feiertagen auch Erfrischungen angeboten werden.

Rechts von der Hütte setzen wir nun unseren Weg fort zum nächsten größeren Ziel, zum Dörfchen Jaegerthal am Schwartzbach – Markierung ist der grüne Punkt. Immer leicht abwärts, fast eben, wandern wir jetzt bequem über eine Stunde lang durch lichten schönen Wald – neben Lärchen und Kiefern gibt es besonders viele hochstämmige Buchen. Vom **Pottaschkopf** mit Blockhäuschen und Picknickplatz gelangen wir zum **Col de Borneberg** (2 Std.), bald danach zur Abzweigung des GR 53 nach **Windstein,** dann weiter zum **Taubensee** (2.15 Std.), einem eingetrockneten Tümpel, von dort zum **Col de Wolfenthal** und kommen schließlich zum **Finsterkopf** (2.45 Std.).

Jetzt geht es ziemlich steil hinunter ins Schwartzbachtal, und in diesem Abschnitt müssen wir genauer aufpassen. Wenn wir ca. 10 Min. nach unserem Abmarsch vom Finsterkopf auf den Wanderweg Niederbronn – Windstein stoßen (rot-weiß-rotes Rechteck), halten wir uns links, folgen diesem Weg ca. 5 Min. und steigen dann in großen Kehren, immer mit dem grünen Punkt, wieder rechts in den Buchenwald hinunter. Kurz bevor wir in Jaegerthal ankommen – wir haben den Schwartzbach

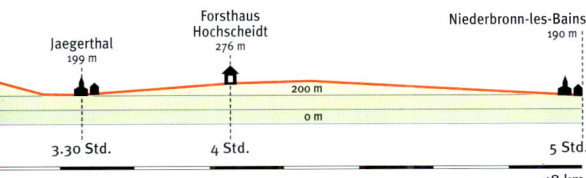

Jaegerthal 199 m · Forsthaus Hochscheidt 276 m · Niederbronn-les-Bains 190 m

200 m · 0 m

3.30 Std. · 4 Std. · 5 Std.

18 km

schon durch die Bäume schimmern sehen –, mündet unser Pfad auf einen breiten, nicht bezeichneten Sandweg. Wir wenden uns nach rechts, finden gleich darauf wieder unsere Markierung und erreichen, immer geradeaus, in 5 Min. den kleinen Stausee von **Jaegerthal** mit den Ruinen der um 1890 stillgelegten de Dietrich'schen Eisengießerei (3.30 Std.). Wer durstig ist oder neugierig, geht noch ein Stück weiter ins Dorf, vorbei an den 1762 von der Familie de Dietrich angelegten Arbeiterwohnungen, bis zum Hotel-Restaurant du Jaegerthal und zur nahe gelegenen schlossartigen Villa der de Dietrichs aus dem 19. Jh., die in ihrem großen Park jedoch nicht zu besichtigen ist.

Für den Rückweg nach Niederbronn wählen wir die Route mit dem blauen Rechteck (GR 531) über den Gasthof Hochscheidt. Auf dem Weg, auf dem wir gekommen sind, gehen wir am See zurück, nehmen nach knapp 5 Min. den breiten Forstweg links in den Wald hinauf und biegen kurze Zeit danach noch einmal links auf einen ganz schmalen Pfad Richtung ›Gîte rural Mellon, Niederbronn‹. Nach einem kräftigen Anstieg können wir uns vor der letzten Etappe unserer Wanderung auf der hübsch gelegenen Terrasse des ehemaligen **Forsthauses Hochscheidt** noch einmal stärken (4 Std.). Anschließend folgen wir ungefähr 15 Min. der Autostraße Jaegerthal – Niederbronn bis zur **Ferme Mellon** (4.15 Std.) und biegen dort auf den kleinen asphaltierten Weg, der zur Villa Riesack führt – auch diese von einem de Dietrich erbaut (1912 von Eugène de Dietrich). Noch ein kleines Stück gehen wir zwischen Wiese und Waldrand, bis uns ein Feldweg auf der linken Seite geradeaus über

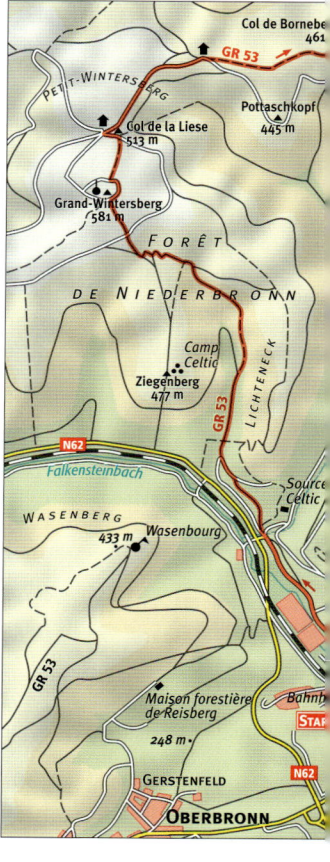

Äcker und Wiesen nach **Niederbronn-les-Bains** zurückbringt (4.45 Std.). Vom Ortsrand bis zur Ortsmitte brauchen wir, immer dem blauen Rechteck folgend, noch einmal ca. 15 Min. (5 Std.).

Aus der Ganztagswanderung wird eine ›keltische‹ Halbtagswanderung, wenn man den Abstecher zum Camp Celtic auf dem Ziegenberg macht (rot-weiß-rotes Rechteck) und dann am Col de la Liese auf einem der zahlreichen Wege direkt nach Niederbronn zurückkehrt.

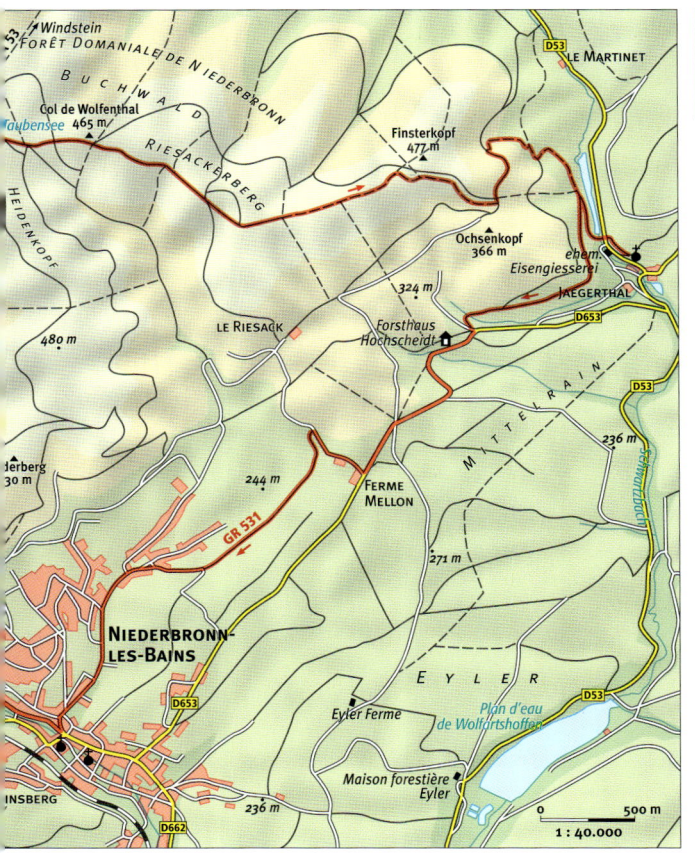

Keltische Steindenkmäler

Die Wälder um Niederbronn sind reich an eigentümlich geformten großen Steinen und Steinwällen unbekannten Ursprungs, die immer wieder die Fantasie der Menschen angeregt haben. Zu den ältesten dieser geheimnisvollen Denkmäler gehört die Liese (auch: Geiler Liese) auf dem Wintersbergsattel, ein Sandsteinmonolith, in den grob die überlebensgroße Gestalt einer sitzenden, nackten Frau gehauen ist

und die wahrscheinlich dem Kult einer gallo-römischen Fruchtbarkeitsgöttin geweiht war (1. oder 2. Jh. n. Chr.). Noch bis zum Ersten Weltkrieg stiegen junge Mädchen oder Frauen aus Niederbronn, die sich einen Mann oder ein Kind wünschten, zur Liese hinauf. Die Mädchen rutschten den Stein hinunter, daher die Bezeichnung ›Rutschfelsen‹. Bei zwei missglückten Restaurationen, 1935 und 1951, hat der Bildstein leider nicht nur ein Drittel seiner Größe (ursprünglich 3,60 m, heute

Alte Schmiede im Jaegerthal

2,20 m), sondern sein ursprüngliches Aussehen eingebüßt.

Nicht weit von der Liese entfernt, erhebt sich auf der Höhe des Ziegenberges das Camp Celtic (Keltenlager), ein Wall aus kleinen, nebeneinander gesetzten Felsblöcken mit einem ungefähr 3 m hohen Menhir und einem Dolmen. Diese rätselhafte Anlage (eine ähnliche Mauer ist auch auf dem benachbarten Vorderberg erhalten) scheint Teil einer einheimischen Bauern- und Hirtenzivilisation gewesen zu sein, die sich vom 1. bis 3. Jh. n. Chr. abseits der großen Durchgangsstraßen auf den Höhen der Vogesen entwickelte und deren Spuren seit 1970 von Straßburger Archäologen vor allem auf dem Gelände des Wasserwalds bei Saverne erforscht werden.

Die Sage erzählt, dass vor vielen tausend Jahren das Keltenlager mit dem Gebirge auf der anderen Seite des Falkensteinerbachs durch eine in der Luft schwebende Brücke verbunden war. Weiß gekleidete Priesterinnen wandelten darüber und trafen sich zum Tanz im Elfengarten neben der Wasenburg (s. Wanderung 6).

Auf Goethes Spuren

Von Niederbronn zur Wasenburg

Schon Goethe hat die Wasenburg bestiegen, das klassische Ziel der Niederbronner Badegäste. Weniger berühmt, aber hübsch anzusehen sind die vorbildlich restaurierten Fachwerkhäuser aus dem 16./17. Jh. in Oberbronn am Südhang des Wasenkœpfel.

DIE WANDERUNG IN KÜRZE

++
Anspruch

Charakter: Mittelschwere Wanderung durch den Wald; Aufstieg von Niederbronn (190 m) zum Wasenkœpfel (526 m)

3.30 Std.
Gehzeit

Markierung: Rotes Rechteck/GR 53 bis Wasenburg; blauer Punkt und rotes Rechteck bis Wasenkœpfel; rotes Rechteck und grünes Kreuz bis Oberbronn; blaues Rechteck/GR 531 bis Niederbronn-les-Bains

11 km
Länge

Wanderkarten: Club Vosgien No. 2/8; IGN TOP25 3714 ET (La Petite-Pierre)

Einkehrmöglichkeiten: Hotels und Restaurants in Niederbronn; Dorfgasthäuser in Oberbronn

Anfahrt: Niederbronn liegt an der N 62 Haguenau, Bitche, Parken am Bahnhof

Fête de la châtaigne: Am 3. oder 4. Sonntag im Oktober feiert man in Oberbronn das Kastanienfest; Spezialität ist die Keschtewurscht/Kastanienwurst *(boudin aux châtaignes)*

Vom Parkplatz am Bahnhof von **Niederbronn-les-Bains** gehen wir Richtung Casino und finden gleich darauf ein großes Schild des Club Vosgien. Der GR 53 (rotes Rechteck) zur Wasenburg führt uns zur Bahnunterführung und dann nach rechts eine Weile neben den Schienen her (Allée des Tilleuls, Rue Charles Matthis). Am Ende der langen Straße erreichen wir die Allée du Roi de Rome, wo ein Gedenkstein mit der Jahreszahl 1811 an die Geburt des einzigen Sohnes von Napoleon und Marie Luise von Österreich erinnert. Zwischen der neuen Autostraße und der

Bahnlinie lädt der kleine Platz mit Bänken und einer angekränkelten alten Linde jedoch kaum zum Verweilen ein.

Unser Weg führt weiter unter der Umgehungsstraße hindurch und anschließend in großen Schleifen in den Wald hinauf. Gleich am Fuß des Berges beginnt ein naturgeschichtlich-historischer Lehrpfad (Sentier botanique). Der Wegweiser ›Sentier‹ begleitet uns mit der Markierung des Club Vosgien bis zur Kreuztanne.

Vom Waldrand bis zum Fuß der **Wasenburg** brauchen wir ungefähr 45 Min. (1 Std.). Hier, auf einem

6

Tour

Nordausläufer des Reisbergs, erhob sich schon in römischer Zeit ein Merkurtempel, der möglicherweise auf ein sehr viel älteres, keltisches oder vorkeltisches Höhenheiligtum zurückgeht. Neben zahlreichen Bodenfunden, Inschriften und Merkurstelen, die sich heute großenteils im Niederbronner Museum befinden, hat sich an Ort und Stelle am Burgfelsen, rechts neben dem Eingangstor, eine verwitterte, heute nur noch zu erahnende Inschrift erhalten.

Über den Bau und die Zerstörung der mittelalterlichen Burg wissen wir wenig. Urkundlich genannt wird die Wasenburg erst 1335, anlässlich einer Erbteilung der mächtigen Lichtenberger, und sie soll um 1677 ein Opfer der Franzosen geworden sein.

Vor dem Wanderer, der aus dem Wald tritt und von Süden her über die Vorburg zum Felsgipfel emporsteigt, erhebt sich eindrucksvoll der ehemals dreigeschossige Palas, der durch eine mächtige, 4 m dicke und 19 m hohe Schildmauer aus Buckelquadern geschützt wurde. Der Bergfried ist völlig verschwunden. Sehenswert ist das große Prachtfenster des Palas. Das Merkuriusportal wurde um 1900 aus römischen Überresten zur Erinnerung an den einstigen Merkurtempel errichtet. Gleichzeitig ließ der Vogesenclub eine Gedenkinschrift zu Ehren von Goethes Besuch anbringen.

Jetzt müssen wir den GR 53 vorläufig verlassen, gehen rechts zur Burganlage herauf und finden unsere neue Markierung, den blauen Punkt, an einem Baum zwischen Tor und Wachfelsen. Gleich hinter der Burg geht es nach links steil in den Wald hinauf, und wir kommen nacheinander zum Jardin des Fées und zu den Pierres à Cupules auf der Höhe des **Reisberges** (1.20 Std.).

Bald nach den Felsen gehen wir an einer nicht bezeichneten Kreuzung geradeaus (es gibt hier eine Tafel zum Ginster, *genet calluné*), und der nächste Pfad, links herunter, ist dann wieder markiert. Wenn wir auf das rote Rechteck des GR 53 stoßen, wenden wir uns nach rechts, kommen am ›Hexenplätzchen‹ vorbei (hier fanden Archäologen Äxte aus dem Neolithikum) und gelangen dann zur **Kreuztanne** (1.45 Std.).

Hier verlassen wir den Lehrpfad und folgen dem GR 53 durch schönen Buchenwald hinauf zum **Wasenkœpfel** (2 Std.). Am Turm erinnert eine Gedenktafel an den Gelehrten und Dichter August Stöber, der zeitweise in Oberbronn lebte und dem wir die bekannte Sammlung der elsässischen Sagen verdanken.

Auf dem Weg, auf dem wir gekommen sind, gehen wir ein Stück zurück und folgen dann dem Schild ›Oberbronn, Buckelstein‹ (grünes Kreuz) nach rechts. Wenn wir auf einen breiten Forstweg stoßen, den wir überqueren, beginnt der steile Abstieg über den Hang (bei Parzelle

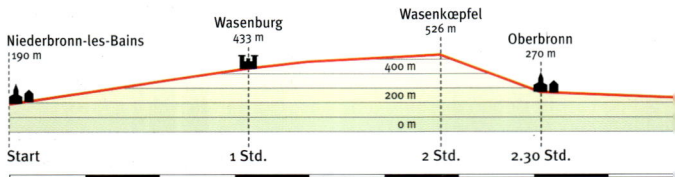

Niederbronn-les-Bains 190 m · Start · Wasenburg 433 m · Wasenkœpfel 526 m · 400 m · 200 m · 0 m · Oberbronn 270 m · 1 Std. · 2 Std. · 2.30 Std.

0

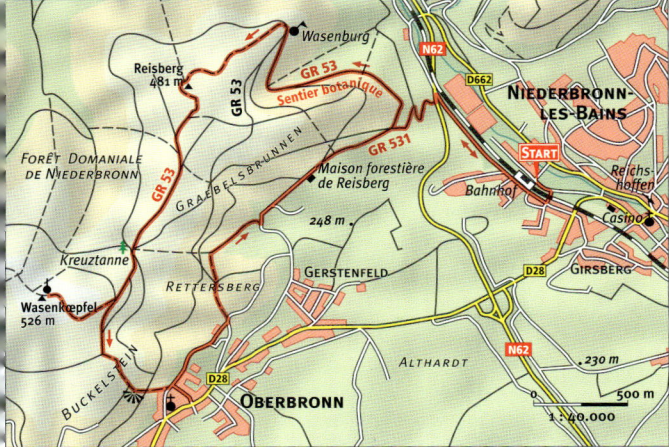

41). Die Lichtung mit Farn, Heidekraut, Brombeerranken, niedrigen Kiefern und Eichengebüsch bietet eine prächtige Aussicht auf die Ebene, wird aber im Sommer von der Sonne kräftig erhitzt. Zweimal kreuzt unser schmaler Pfad einen breiteren Forstweg, zur Kreuztanne und zum Reisberg (hier halten wir uns leicht rechts), dann führt er über den Buckelstein auf einer Treppe steil nach **Oberbronn** hinunter. Hier gehen wir rechts, bis wir am Rathaus auf die Rue Principale stoßen (2.30 Std.).

Im Schwarzen Ochsen (Au Bœuf Noir) oder im Hirschen (Au Cerf) können wir uns stärken und im Anschluss daran vielleicht noch einen Rundgang durch das gut restaurierte Dorf machen. Es gibt schöne

alte Fachwerkhäuser und die in der Gegend typischen Kellerfenster mit Schiebeladen aus Sandsteinplatten.

Den Rückweg nehmen wir wieder am Rathaus vorbei über die Rue Gelders, folgen jetzt jedoch dem blauen Rechteck (Richtung Niederbronn). Nach ca. 10 Min. verlassen wir am Ortsausgang die große Straße und gehen die kleine Rue de la Wasenbourg hinauf zum Wald. Kastanienbäume erinnern daran, dass hier einmal Weinbau betrieben wurde (man benutzte Kastanienholz früher für die Rebstöcke). Gleich nach dem Picknickplatz Rondelle biegen wir nach rechts und wandern, zuerst auf einem schmalen Pfad und dann ein Stück auf einem Sträßchen, am Forsthaus Reisberg vorbei bis zum GR 53. Hier schließt sich der Kreis, und wir erreichen **Niederbronn-les-Bains** über den ›Roi de Rome‹ und den Naturlehrpfad, den wir auf dem Hinweg benutzt haben (3.30 Std.).

Die Tour lässt sich um ca. 1 Std. abkürzen, wenn man von der Kreuztanne direkt nach Niederbronn wandert (rot-weiß-rotes Rechteck).

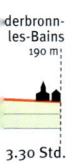

derbronn-les-Bains
190 m

3.30 Std.

11 km

Urzeitlicher Meeresgrund

Auf dem Bastberg bei Bouxwiller

Als elsässischer Hexenberg und als Fundort außergewöhnlicher Fossilien ist der Bastberg gleich doppelt berühmt. Die schon von Goethe gepriesene weite Aussicht genießt man am besten an einem klaren Tag im Herbst oder im Frühling, zur Zeit der Baumblüte.

DIE WANDERUNG IN KÜRZE

+
Anspruch

2.15 Std.
Gehzeit

8 km
Länge

Charakter: Angenehme Wanderung auf Feldwegen über einen kaum bewaldeten Höhenrücken; leichter Aufstieg von Bouxwiller (230 m) zum Kleinen Bastberg (326 m)

Markierung: Man folgt auf der gesamten Wanderung dem Sentier géologique

Wanderkarten: Club Vosgien No. 1/8; IGN TOP25 3714 ET (La Petite-Pierre)

Einkehrmöglichkeiten: Gasthäuser in Bouxwiller. Im 3 km entfernten Imbsheim die ländliche Winstub S'Bastberger Stuwel (Mo/Di mittag Ruhetag)

Anfahrt: Bouxwiller liegt abseits der großen Straßen nördlich von Hochfelden (Ausfahrt der Autobahn Straßburg – Paris) an der D 7. Parken auf der Place du Château vor dem Rathaus

Museen: Im Rathaus von Bouxwiller, in der ehemaligen gräflichen Kanzlei, zeigt das **Musée de Bouxwiller et du Pays de Hanau** Geschichte und Volkskunde des Hanauerlandes. Das **Musée Judeo-Alsacien** in der Grand'Rue zeigt Exponate zur Geschichte des elsässischen Judentums

---

Bouxwiller, eine ruhige kleine Provinzstadt, war einst bedeutend als Residenz der Grafen von Hanau-Lichtenberg. Wie viele elsässische Herren waren sie auf beiden Ufern des Rheins begütert, und noch heute erinnert der gemeinsame Name, Pays de Hanau bzw. ›Hanauer Ländel‹, an die historische Zusammengehörigkeit beider Landstriche.

Unser Spaziergang beginnt an der Place du Château, einem weiten

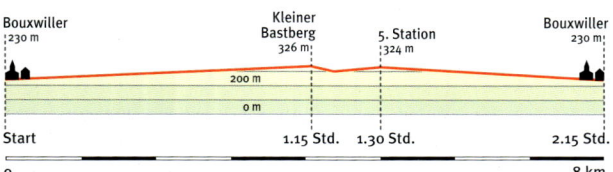

Bouxwiller 230 m — Kleiner Bastberg 326 m — 5. Station 324 m — Bouxwiller 230 m

200 m

0 m

Start — 1.15 Std. — 1.30 Std. — 2.15 Std.

0 — 8 km

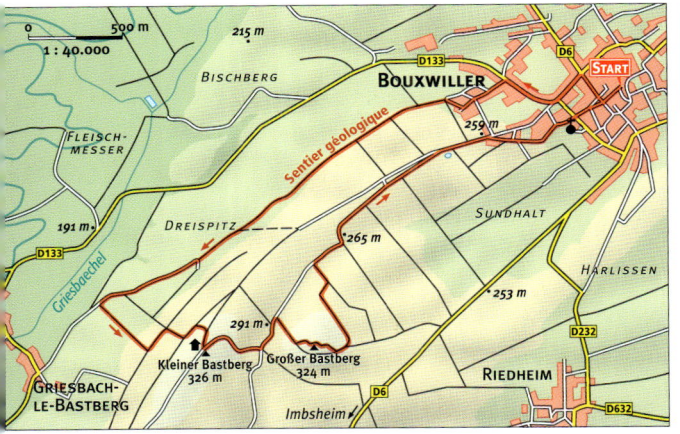

baumbestandenen Platz, um den herum die wichtigsten Gebäude des Residenzstädtchens lagen: das in der Französischen Revolution zerstörte Schloss (am Ende des 19. Jh. durch ein großes Schulhaus ersetzt), der Marstall (heute zur Post umgebaut), die Kanzlei der Grafschaft Hanau-Lichtenberg (beherbergt jetzt Rathaus und Museum), die ehemalige Rentkammer (heute Schatzamt) und die lang gestreckte ehemalige Kornhalle mit der angebauten spätgotischen Schlosskapelle. Die 138 Orangenbäume des noch von Goethe besuchten Herrengartens, die die Revolution überdauerten, schenkte Napoleon der Stadt Straßburg, wo man für sie die Orangerie anlegte, Straßburgs schönsten Stadtpark.

Nach der Besichtigung des Platzes gehen wir zwischen Post und Rathaus die Rue des Seigneurs/Herregass hinauf und dann rechts in die Grand'Rue; einige besonders schöne Fachwerkhäuser sind heute mit kleinen Schildern bezeichnet. Gegenüber der ehemaligen Synagoge aus der ersten Hälfte des 19. Jh., in

der ein Museum des elsässischen Judentums eingerichtet wurde, an der Brasserie Au Pied de Bœuf biegen wir links in den Boulevard Général Bolgert und gehen dann geradeaus in die Rue du Bastberg, bis zur großen **geologischen Schautafel.** Von nun an folgen wir dem Wegweiser ›Sentier géologique‹: das Treppchen hinunter zur Straße, dann nach links bis zum Centre de Secours, hier wieder links hoch zu einem Neubaugebiet (Résidence Sundhalt) und bald darauf nach rechts in die Rue du Galgenberg. Am Ende dieser Straße beginnt jetzt der eigentliche, 1981 angelegte Sentier géologique du Bastberg. Er führt uns von Fundstelle zu Fundstelle durch die riesigen Zeiträume der Erdgeschichte: vom Erdmittelalter mit den verschiedenen Meeresüberflutungen (Stationen 1 bis 4) bis zum Einbruch des Oberrheingrabens im Tertiär (Stationen 5 und 6). Krokodile unter Palmbäumen sind freilich nicht mehr zu sehen, und als Laie staunt man, wie wenig spektakulär das Arbeitsmaterial der Geologen ist. In halber Höhe wandern wir zunächst

41

auf einem Feldweg am Westhang des Berges entlang, zwischen Wiesen mit Obstbäumen und Buschwerk. Gleich am Anfang des Lehrpfades liegt links ein ehemaliger Steinbruch, die *1. Station*. Hier erkennen wir Brocken von gelblichem, festem Gestein, das aus einer Vielzahl kugelrunder Körner von etwa 1 mm Durchmesser zusammengesetzt ist: den Oolithen (griechisch: Eiersteine). Es handelt sich um Oolithkalk, der sich bildete, als in der Jura-Zeit des Erdmittelalters, vor über 150 Mio. Jahren, ein flaches Meer große Teile Süddeutschlands bedeckte.

Nach einer Wanderung von ungefähr einer halben Stunde gelangen wir dann zur *2. Station* am Rand einer eingezäunten Wiese. An der Böschung sehen wir feinkörniges, lockeres Gestein von grauer Färbung, den Mergel. Er besteht aus winzigen Tonmineralen, die sich im seichten Wasser einer großen Lagune abgesetzt haben, zu Beginn des Erdmittelalters, vor rund 200 Mio. Jahren. Weil sich in dem sehr salzhaltigen Wasser nicht viel Leben entwickeln konnte, enthält der Mergel nur wenige Versteinerungen.

Über uns haben wir schon seit einer Weile das Kreuz des **Kleinen Bastbergs** erblickt, zu dem wir nun, am Ende der Wiese, ziemlich steil hinaufsteigen. Zunächst geht es durch Weinberge zur *3. Station* (1 Std.). Das Gestein erscheint hier nur, wenn es durch Feldarbeit oder Bodenabschwemmungen freigelegt wird. Entlang des Weges kann man, wenn man viel Glück hat, Versteinerungen von Ammoniten und Belemniten finden, das sind heute ausgestorbene Kopffüßler, die besonders häufig im Jura-Meer des Erdmittelalters vorkamen und den Paläontologen darum als Leitfossilien dienen.

Die schneckenförmigen Ammoniten und die kegelförmigen Belemni-

Blick vom Bastberg auf die Ebene von Obersoultzbach

Bastberg, dem berüchtigten Hexenplatz (1.15 Std.). Der weite Blick über die hügelige Ackerbaulandschaft bis hin zu den abgeflachten Gipfeln der Sandsteinvogesen ist berühmt geworden durch Goethes Beschreibung.

Der bewaldete Gipfel des **Großen Bastbergs,** auch Galgenberg genannt, weil sich hier bis zum 15. Jh. die Richtstätte der Grafschaft befand, erhebt sich jetzt im Nordosten vor uns. Wir folgen dem steinigen Weg in diese Richtung ungefähr 200 m bergabwärts bis zum Fahrsträßchen Bouxwiller–Imbsheim, wenden uns hier nach links und biegen kurz darauf nach rechts auf einen Feldweg, der zum Großen Bastberg hinaufführt. Schon nach wenigen Minuten stehen wir, mitten im Kiefernwald, vor der 5. *Station* des Lehrpfades (1.30 Std.).

Der Große Bastberg, der heute von einem Schwarzkiefernwald bedeckt ist, besteht aus einem Konglomeratgestein, d. h. aus Geröll, das untereinander verkittet ist. Dieses Konglomerat, dessen einzelne Steine den beachtlichen Durchmesser von 40 cm erreichen können, ist bedeutend jünger als die Gesteine der Stationen 1 bis 4. Es entstand beim Einbruch des Oberrheingrabens im Tertiär vor etwa 40 Mio. Jahren (Oligozän), als die Wasserläufe der Vogesen die Juraformationen der Berge abtrugen und sich die Anschwemmungen an der Küste des Meeres anhäuften, das damals den Graben ausfüllte.

Unser Weg zwischen den Bäumen ist jetzt mit einem weißen Pfeil an den Stämmen gekennzeichnet. Weiter geht's, vom Waldrand nach links

ten, im Volksmund auch Teufelsfinger oder Donnerkeile genannt, werden oft durch einen starken Gewitterguss an die Erdoberfläche befördert, und die Bauern mauerten sie früher gerne als Glücksbringer und Blitzschutz in ihre Häuser.

Danach geht es an einer großen Hecke vorbei – Hagebutten, Schlehen, Weißdorn, Pfaffenhütchen, Liguster, roter Hartriegel – und anschließend durch ein Kiefernwäldchen. Die 4. *Station,* der Gipfel des Kleinen Bastbergs, wird aus demselben Oolithkalk gebildet wie der zuerst besuchte Steinbruch. Wir bemerken den großen Höhenunterschied zwischen den beiden Stationen, der sich durch die Auffaltung der Erdschichten nach ihrer Ablagerung erklärt.

Wenn wir aus dem Wäldchen herauskommen, müssen wir uns rechts halten und gelangen mit wenigen Schritten zum Kreuz auf dem Kleinen

wieder zur Straße Bouxwiller – Imbsheim zurück, wo wir uns nach rechts wenden müssen. Wir bleiben nun auf diesem Sträßchen und erreichen auf einem schönen Spazierweg, von Birnbäumen und Weinreben gesäumt, in 15 Min. die ersten Häuser von **Bouxwiller** (2 Std.). Wo sich die Straße teilt, gehen wir rechts und gelangen gleich darauf zu dem aufgelassenen Steinbruch, in dem Cuvier einst die bedeutendsten Funde gemacht hat *(6. Station)*. Diesem Steinbruch an der Kirche verdankt Bouxwiller seinen eigentlichen geologischen Ruhm. Hier fand Cuvier in den mit Mergeln durchsetzten weißen Kalkbänken die zahlreichen Versteinerungen der Tertiär-Zeit, von denen bereits die Rede war. Das bunte Bild mit der fremdartig tropischen Landschaft auf der Schautafel am Anfang des Lehrpfades präsentiert die Gegend von Bouxwiller in dieser Epoche.

An der katholischen Kirche steigen wir dann immer geradeaus durch die Rue Schattenmann und die Rue du 22 Novembre zur Grand'Rue herunter – im Vorbeigehen bemerken wir ein Stück der alten Stadtmauer. Hier schließt sich der Kreis, und wir können noch eine Weile durch die engen Gässchen bummeln. In Bouxwiller liegt alles nah beieinander (2.15 Std.).

Der Hexenberg

Durch Jahrhunderte galt der Bastberg den Elsässern als anrüchiger Spuk- und Hexenplatz. Wandelnde Feuer und feurige Kugeln erschreckten die nächtlichen Wanderer, und jedes Jahr in der Walpurgisnacht fanden sich hier – auf Besen, Heugabeln, Böcken und roten Katzen rei-

tend – alle Hexen der Umgegend ein. Noch 1713 notiert ein Landsmann von Goethe, der junge Frankfurter Patrizier Johann Friedrich von Uffenbach, in sein Reisetagebuch: »26. mai. Es ist sonst diesser berg derselbe davon … gemeldet wird, daß man in dem Gras runde Zirkel findet, darin das Gras ganz gelb ist, und von deren uhrsach so vile muthmassungen gestellet werden; die gemeiner Leute opinion ist sonsten durchgehends, dass die hexen alda zusammenkähmen und ihren tanz hielten davon das Gras so gelb würde.«

Goethe hat sich auf dem Bastberg für etwas ganz anderes interessiert: »Diese Höhe, ganz aus verschiedenen Muscheln zusammengehäuft, machte mich zum ersten Mal auf solche Dokumente der Vorwelt aufmerksam; ich hatte sie noch niemals in so großer Masse beisammen gesehn.«

Systematisch untersuchte als Erster der französische Naturforscher Georges Cuvier zu Beginn des 19. Jh. die Fossilien des großen Steinbruchs. Er entdeckte dabei fossile Knochenfragmente einer heute ausgestorbenen tapirähnlichen Tierart, von denen eine zu Ehren des Fundortes von späteren Paläontologen *Lophiodon buchsowillanum* getauft wurde. Diese Tiere lebten zusammen mit Krokodilen und Schildkröten, Schlangen, Vögeln und Fröschen vor etwa 50 Mio. Jahren im Eozän, zu Beginn des Tertiärs, inmitten einer üppigen tropischen Vegetation an den Ufern eines großen Sees, der damals die Gegend von Bouxwiller bedeckte. Da fossile Reste der kontinentalen Fauna aus dieser Epoche äußerst selten sind, ist Bouxwiller ein bekannter Ort für Geologen und Paläontologen geworden.

Mo

Bei den Troglodyten

Von La Petite-Pierre nach Graufthal

La Petite-Pierre war bis ins 19. Jh. Grenzbefestigung zwischen dem Elsass und Lothringen. Die historische Kleinstadt ist Ausgangspunkt für eine Tageswanderung zu den Felsenwohnungen von Graufthal, die noch zu Beginn des 20. Jh. genutzt worden sind.

DIE WANDERUNG IN KÜRZE

++
Anspruch

4.30 Std.
Gehzeit

14 km
Länge

Charakter: Mittelschwere Wanderung durch ausgedehnten Mischwald; dem Abstieg von La Petite-Pierre (340 m) nach Graufthal (202 m) folgt im zweiten Teil ein ziemlich steiler Aufstieg zum Rabenfels (350 m)

Markierung: Rote Raute bis Graufthal; rotes Rechteck/GR 53 bis La Petite-Pierre

Wanderkarte: Club Vosgien No. 1/8; IGN TOP25 3714 ET (La Petite-Pierre)

Einkehrmöglichkeiten: In Graufthal Gasthaus Au Vieux Moulin. In La Petite-Pierre zahlreiche Hotels und Restaurants; exklusiv Aux Trois Roses; schön gelegen die Auberge d'Imsthal

Anfahrt: La Petite-Pierre liegt abseits der großen Straßen nördlich von Saverne. Parken vor dem Rathaus, an der Kreuzung der D 7 (Bouxwiller), der D 178 (Saverne) und der D 9 (Drulingen) oder am Office de Tourisme vor der Altstadt

Sehenswertes: Die Höhlenwohnungen (Eintritt); in La Petite-Pierre das **Musée du Sceau alsacien** und das **Musée des Arts et Traditions populaires;** an der Straße nach Bouxwiller ein Wildgehege: **Parc Animalier du Schwarzbach**

Wanderklima: Bei warmem Sommerwetter können die Wege durch das niedrig gelegene Rehbachtal und um den Kohlthaler Hof leicht schwül werden

Im Schutz der am Ende des 12. Jh. erbauten Stammburg der Grafen von Lützelstein (französisch: **La Petite-Pierre**) liegt die gleichnamige Siedlung, deren Häuschen zumeist aus dem 18. Jh. stammen. Inmitten ausgedehnter Wälder wollte der Ort, trotz Residenzschloss und Marktprivileg, jedoch nie zu einer richtigen Stadt gedeihen. Erst in den letzten Jahrzehnten hat er als Verwaltungssitz des Naturparks Nordvogesen und beliebter Luftkurort eine neue Bestimmung gefunden.

Am Rathaus in der Unterstadt sind nach Graufthal gleich zwei verschiedene Routen angezeigt: die mit der roten Raute über den Heidenfels, die wir für den Hinweg wählen, und der GR 53 (rotes Rechteck), auf dem wir zurückkommen werden. Nachdem wir ein kleines Stück die Hauptstraße entlanggegangen sind, folgen wir dem Wegweiser in die Altstadt (›Château, Musée…‹) nach rechts den Berg hinauf, lassen den GR 53 links liegen, kommen an der Schanze der Altenburg vorbei und stoßen gleich danach, ebenfalls auf der linken Seite, auf die rote Raute (›Rocher des Païens, Graufthal‹). Jetzt geht es zunächst ziemlich steil durch den Mischwald abwärts, bis zu einem breiten Forstweg – unterwegs ein sehr schöner Blick auf die hoch gelegenen Mauern und die Burg von La Petite-Pierre. Nach Überquerung des Forstwegs steigen wir dann, immer durch den Wald, zu den **Heidenfelsen** hinauf (45 Min.). Sie liegen am Hang über uns und sind, anders als viele andere Felsen, nicht besonders gekennzeichnet.

Eine Viertelstunde später erreichen wir eine kleine asphaltierte Forststraße, die Route forestière du Weyerkopf, folgen ihr nach links bis zum **Chalet St-Hubert** (1 Std.) und biegen an dieser Hütte wieder nach rechts in den Wald. Über eine Lichtung, die im Sommer mit hohem Gras, Ginster, Heidekraut, Himbeer- und Brombeergebüsch zugewachsen ist, steigen wir dann hinab ins Rehbachtal, bis zur Route forestière du Rehbach. Hier wenden wir uns nach links und gehen, vorbei an den künstlich angelegten Fischteichen,

in einer halben Stunde bis zum Ortsrand von **Graufthal** (2 Std.).

Unser Weg zu den Höhlenwohnungen führt jetzt am Wirtshaus Au Vieux Moulin vorbei auf die gegenüberliegende Seite des Tals, in Richtung Dorfmitte, und schon nach kurzer Zeit erblicken wir über uns in der roten Sandsteinwand die blau getünchten Fassaden der *maisons troglodytes*. Ungefähr 15 Min. Gehzeit müssen wir für den Hin- und Rückweg zu den Höhlenhäusern rechnen, dazu die Besichtigung und vielleicht auch eine Ruhepause im Wirtshaus.

Wir verlassen Graufthal auf dem Weg, auf dem wir gekommen sind, biegen aber ca. 5 Min. nach dem Ortsschild von der Fahrstraße ab nach rechts in den Wald hoch. Unsere Markierung ist jetzt bis zum Ende der Wanderung das rote Rechteck (GR 53). Am Hang verstreut liegen große Felsbrocken; Buchenwald, Mischwald und Nadelwald wechseln einander ab. Ungefähr 40 Min. nach unserem Abmarsch von Graufthal erreichen wir wieder die Route forestière du Weyerkopf (3 Std.), folgen ihr über 300 m nach links und wandern dann, immer durch den Wald, zum **Kohlthaler Hof** (3.30 Std.). Der Ortsname erinnert daran, dass hier früher ein Kohlenmeiler stand. Am Teich vorbei gehen wir zur ziemlich befahrenen Autostraße D 178 (aus dem Zinseltal nach La Petite-Pierre), der wir ca. 5 Min. nach links folgen müssen, bis zu einem Waldparkplatz. Hier be-

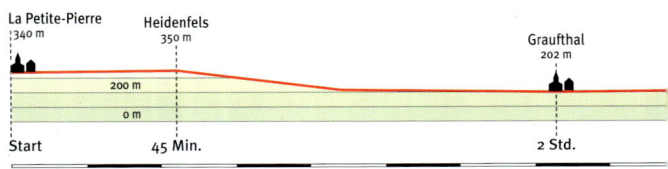

La Petite-Pierre
340 m

Heidenfels
350 m

Graufthal
202 m

200 m

0 m

Start   45 Min.   2 Std.

0

ginnt ein schmaler Pfad, auf dem wir steil zum **Rabenfels** hinaufklettern (4 Std.). Wenn wir ihn auf der linken Seite umgangen haben, ist der letzte Anstieg geschafft, und wir können uns auf einer der Bänke ein bisschen ausruhen. Der GR 53 stößt jetzt auf den Rundweg um die Altenburg (Markierung roter Punkt), und wir

wandern bald durch Felder, Wiesen mit Obstbäumen und Gärten bequem nach **La Petite-Pierre** zurück. Unser Weg endet gegenüber dem Verkehrsbüro (4.30 Std.) – nach links führt die Straße in die historische Altstadt mit Burg und Museum, nach rechts geht es hinunter zum Rathaus und zum Auto.

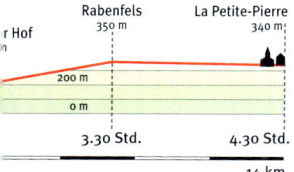

Felsenwohnungen

Einzigartig im Elsass sind die Felsenwohnungen von Graufthal, ungefähr ein halbes Dutzend unter einem großen Felsüberhang angelegte kleine

47

Graufthaler Felsenwohnung

Häuser. Oberer und unterer Felsrand sind mit einer Mauer verbunden, welche die Front der Gebäude bildet und mit Türen und Fenstern versehen ist. Als Zimmerboden, Rückwand des Hauses und Zimmerdecke nutzt man den natürlichen Felsen. Wahrscheinlich stammen diese primitiven Behausungen aus dem 18. Jh. Die Bewohner waren meist in den nahen Steinbrüchen beschäftigte arme Arbeiter mit ihren Familien.

Seinen Besuch im April 1953 bei der Felsekäth, der letzten Troglodytin, beschreibt der Straßburger Autor Robert Redslob in seinen Streifzügen durch die Vogesen (»Sur les Sentiers des Vosges«): »In einem kleinen Fenster lehnte eine alte Frau. Mit einem freundlichen Lächeln lud sie uns zum Eintreten ein. Wir gingen durch die Tür der einzigen Fassade, über der vertikal die Masse des roten Sandsteins aufstieg. Drei der vier Innenwände wurden durch den Felsen gebildet. Es gab dort ein lothringisches Buffet, das sich nach hinten gegen die Felswand neigte. Eine Suppe kochte auf einem gußeisernen Herd, der mit biblischen Bildern geschmückt war. Ein sehr hohes Bett, das man wohl nur über eine Leiter erreichte. Ein Stuhl. Das war der ganze Hausrat, von seltener Einfachheit, aber sauber gehalten.« 1958 starb die Felsekäth im hohen Alter von 82 Jahren. Die Felsenwohnungen wurden jedoch nicht, wie sie bei jenem Besuch befürchtet hatte, dem Verfall überlassen, sondern von freiwilligen Helfern vollständig restauriert.

Sitz der Bischöfe von Straßburg

Von Saverne nach Haut-Barr und ins Zorntal

Vom Römerstädtchen Saverne den Rhein-Marne-Kanal entlang und durch ausgedehnte Wälder zu den vier Burgen über dem Zorntal: Bei klarem Wetter bietet die Anlage von Haut-Barr eine großartige Aussicht auf die Rheinebene und das lothringische Hochland.

DIE WANDERUNG IN KÜRZE

++
Anspruch

5 Std.
Gehzeit

14 km
Länge

Charakter: Mittelschwere Tageswanderung; Aufstieg von Saverne (200 m) zum Greifenstein (395 m), Abstieg ins Zorntal bei Stambach (210 m) und neuer steiler Aufstieg zum Brotschturm (542 m)

Markierung: Blaues Rechteck/GR 531 von Saverne bis Stambach; rot-weiß-rotes Rechteck bis Tour du Brotsch; rotes Rechteck/GR 53 bis zum Hexentisch/Table des Sorcières; rotes Andreaskreuz bis zum Grand-Geroldseck; rotes Andreaskreuz und rotes Rechteck/GR 53 bis Saverne

Wanderkarte: Club Vosgien No. 1/8; IGN TOP25 3715 ET (Saverne, Sarrebourg)

Einkehrmöglichkeiten: Auf Haut-Barr gibt es ein Restaurant im neugotischen Stil. In Saverne laden mehrere Hotels und Restaurants ein. Bekannt und beliebt ist die Taverne Katz: In einem mit Schnitzereien reich verzierten Fachwerkhaus an der Grand'Rue, 1605 für den bischöflichen Obereinnehmer Katz erbaut, werden vornehmlich elsässische Spezialitäten serviert

Anfahrt: Von Straßburg nach Westen über die gebührenpflichtige Autobahn A4 Richtung Paris. Parken am Parking des Rohans, hinter dem Schloss, oder am Kanal. Bahnstation

Sehenswertes: Bei Haut-Barr ist der 1968 wieder errichtete **Turm eines optischen Telegrafen** (Tour Chappe) zu besichtigen, der Teil einer Telegraphenlinie war, die 1798–1852 Paris mit Straßburg verband; in Saverne zeigt das **Musée du Château des Rohan** Archäologie, Kunst und Geschichte sowie Erinnerungen an die Journalistin Louise Weiss; **Rosengarten** (Roseraie) mit 1500 Rosenarten und einem Rosenfest am 3. oder 4. So im Juni (geöffnet Juni bis Sept.); am Col de Saverne ein **Botanischer Garten** (Mai bis 15. Sept.)

Die Wanderung führt uns zu den Burgen auf den Höhen über dem Zorntal, am Nordufer aufwärts bis Stambach und dann zurück über Haut-Barr auf der gegenüberliegenden Talseite. Ausgangspunkt ist die große Schleuse *(écluse)* des Rhein-Marne-Kanals im Zentrum von **Saverne,** am unteren Ende der Grand' Rue, und Markierung ist bis Stambach das blaue Rechteck (GR 531, ›Direction Sud‹).

Der Einfachheit halber bleiben wir auf dem Nordufer des Kanals, dem Quai de l'Ecluse, und wir verlassen die Stadt in westlicher Richtung über den ehemaligen Treidelpfad. Ungefähr eine Viertelstunde spazieren wir am Kanal entlang, dann weist uns das blaue Rechteck hinunter vom Damm. Nacheinander überqueren wir die Nationalstraße, die Zorn, die Bahnlinie Paris – Straßburg und steigen dann, immer dem blauen Rechteck folgend, hinauf in den Wald bis zu den **Greifensteiner Burgen** (45 Min.). Links von der Treppe erhebt sich Klein- oder Vordergreifenstein mit den Resten des im 12. Jh. entstandenen mächtigen Turms, zur Rechten das etwa 100 Jahre jüngere Groß- oder Hintergreifenstein, dazwischen ein dritter Turm, den wir besteigen können.

Die gesamte Anlage, die nach dem Erlöschen der Greifensteiner an die Bischöfe von Straßburg kam, war am Ende des Dreißigjährigen Krieges schon in Verfall, und ein Teil der

Steine wurde ab 1670 zum Bau des Neuen Schlosses von Saverne verwandt. Über den ziemlich ebenen und bequemen Sentier des Roches (Felsenpfad) wandern wir dann weiter durch den Wald bis zur ehemaligen **Wallfahrtskirche St-Vit** (1 Std.). Dieser Heilige war im ausgehenden Mittelalter der Schutzpatron gegen den nach ihm benannten Veitstanz, und als die Epidemie 1518 in Straßburg ausbrach, »viel hundert fingen in Straßburg an, zu dantzen und springen, Frau und Mann«, da ließ der Magistrat die Leute auf Wagen laden und schickte sie nach St. Veit hinter Zabern, wo man die meisten von ihnen durch Messelesen heilen konnte. Vor der Mauer des einstigen Wirtschaftshofes dehnt sich heute eine Wiese, darunter am Felsen, befindet sich ein Alpengarten und eine Höhle, die als Kapelle dient. Der hübsche Platz, mit Blick ins Zorntal und auf die gegenüberliegenden Burgen von Haut-Barr und Grand-Geroldseck, eignet sich gut zum Picknick.

Ungefähr 20 Min. setzen wir unseren Weg noch auf der Höhe fort bis zum **Rappenfels,** dann führt uns ein schmaler, ziemlich steiler Pfad über eine Lichtung hinunter ins Tal nach Stambach. Wir überqueren den Kanal auf einer Schleuse (etwas links von unserem Weg), dann die Zorn und die Nationalstraße und gehen weiter zum gut sichtbaren kleinen Bahnhof von **Stambach** (1.45 Std.).

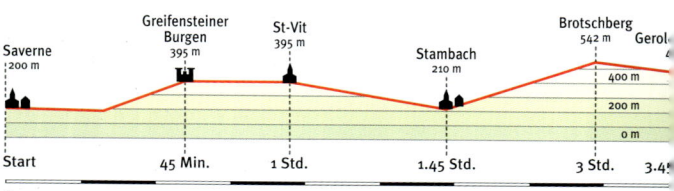

Gleich hinter dem Stationsgebäude verlassen wir dann den GR 531 und steigen mit dem rot-weiß-roten Rechteck (›Tour du Brotsch‹) vom südlichen Ufer der Zorn wieder hinauf in den Wald. Der Weg ist jetzt etwas breiter und weniger steil, aber er zieht sich in die Länge. Die einzelnen Stationen des Aufstiegs: **Zimmereck, Petit-Krappenfels** (2.30 Std.), **Rocher Huck** (2.45 Std.), **Tour du Brotsch** (3 Std.). Der 18 m hohe Aussichtsturm aus rotem Sandstein wurde 1897 zum 25-jährigen Gründungsjubiläum des Vogesenclubs errichtet, und er steht am höchsten Punkt unserer Wanderung. Wer die Strecke abkürzen möchte und auf die Besteigung des Brotschturms verzichtet, geht an dem breiten Forstweg unterhalb des Rocher Huck gleich links (›Hexentisch‹, gelbes Kreuz).

Vom Brotschturm zum **Hexentisch** benutzen wir den gut bezeichneten GR 53 (rotes Rechteck, 3.30 Std.). Hier überqueren wir die kleine asphaltierte Forststraße, an der am Sonntag meist viele Autos parken, nehmen dann jedoch nicht den direkten Weg nach Haut-Barr (GR 53), sondern halten uns leicht rechts und wandern mit dem roten Andreaskreuz zu den beiden Geroldsecker Burgen hinauf: **Petit-Geroldseck** (3.45 Std.) und **Grand-Geroldseck** (4 Std.). Sie waren einst im Besitz der mächtigen Herren von Geroldseck am Wasichen, und Groß-

Geroldseck, die ältere und bedeutendere Anlage, gilt als typische Adelsburg der Stauferzeit. Eine starke Ringmauer aus Buckelquadern umschloss ein geräumiges Felsplateau mit isoliertem Bergfried (12. Jh.) und Palas (13. Jh.). Nach dem Aussterben der Familie wechselten beide Burgen wiederholt den Besitzer und wurden schon 1486 als Raubritternester zerstört.

Gleich nach den Burgen stoßen wir wieder auf den GR 53 (rotes Rechteck), der uns in 15 Min. – vorbei am optischen Telegrafen (Tour Chappe) – nach **Haut-Barr** führt (4.15 Std.), wo wir unbedingt eine längere Besichtigungspause einlegen müssen, die durch eine Kaffeepause ergänzt werden kann.

So gestärkt wandern wir dann weiter auf dem GR 53 zum Bildstöckel am Stadtrand von **Saverne** (4.30 Std.). Ein Waldlehrpfad (Sentier sylvicole, grüner Ring) verläuft hier zusammen mit dem GR 53 und stellt die verschiedenen Bäume und Sträucher am Wegesrand vor. Beim Bildstöckel mit der Jahreszahl 1758 überqueren wir die Fahrstraße, nehmen die Rue du Haut-Barr in Richtung Stadtmitte bis zur Rue Schiffmatt auf der linken Seite und gehen dann am Kanal entlang bis zur großen Schleuse, an der unsere Wanderung begonnen hat (5 Std.).

Burg und Residenzstadt

Am Austritt des engen Zorntals in die Rheinebene erreichen die Vogesen ihre geringste Breite, und schon die Römer errichteten hier, an einer viel benutzten Straße nach Lothringen, eine Militär- und Handelsstation, Tres Tabernae (Zu den drei Schenken). Vom 12. Jh. bis zur Französi-

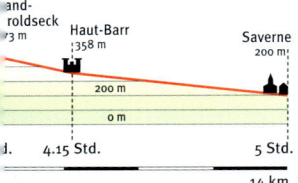

schen Revolution waren dann die Bischöfe von Straßburg Herren der strategisch wichtigen Stadt Saverne.

Eng verknüpft mit den Geschicken von Saverne waren die Geschicke der Burg Haut-Barr hoch über der Stadt. Das bischöfliche Castrum Borre oder Borra bestand bereits 1141/43. Seit dem Anfang des 15. Jh. residierten die aus Straßburg vertriebenen Bischöfe regelmäßig im benachbarten Saverne, und während der Religionskriege in der zweiten Hälfte des 16. Jh. ließ Bischof Johann von Manderscheidt die Höhenburg, in deren Mauern er wiederholt Schutz suchte, neu ausbauen. Nach dem Westfälischen Frieden 1648 wurde die uneinnehmbare Feste durch die Franzosen geschleift, später notdürftig wieder hergestellt und dann noch einmal, während des Österreichischen Erbfolgekriegs, 1744 belagert. Die große Zeit von Haut-Barr war vorbei, und an die Stelle der Burg trat bis zur Französischen Revolution das prächtige Schloss der Fürst-Bischöfe in Saverne.

Vom Parkplatz unterhalb der Mauern umfasst der Blick des Besuchers gut die gewaltige Anlage (älteste Teile um 1168) – die jüngere Unterburg auf dem Sandsteinklotz und darüber die drei befestigten Felsen. Von links nach rechts: der Markfels, der mit diesem durch die Teufelsbrücke verbundene Mittel- oder Südfels und der Nordfels über Saverne. Von den Bauten, die Bischof Johann von Manderscheidt ausführen ließ, bleibt neben dem großen Batterieturm mit interessanten Steinmetzzeichen auf dem Mittelfelsen und dem kleineren so genannten Schnabel auf dem Nordfelsen vor allem das schöne Renaissancetor der Unterburg mit Wappen und Inschrift von 1583.

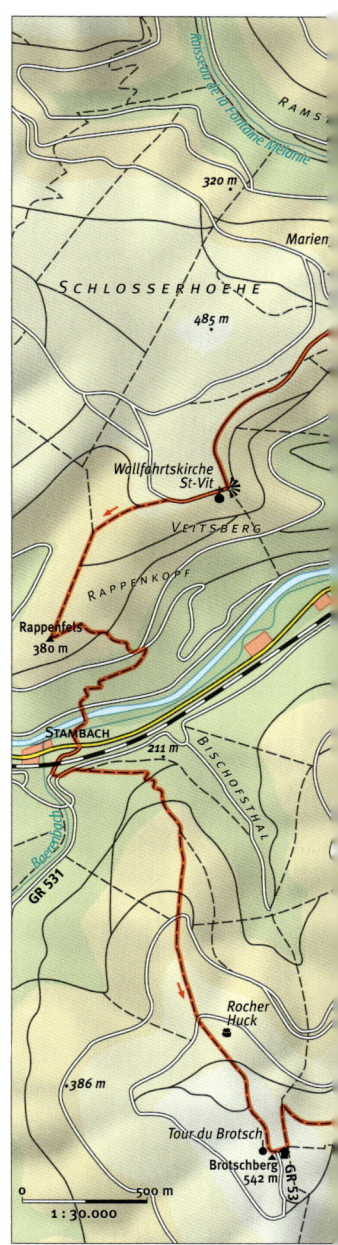

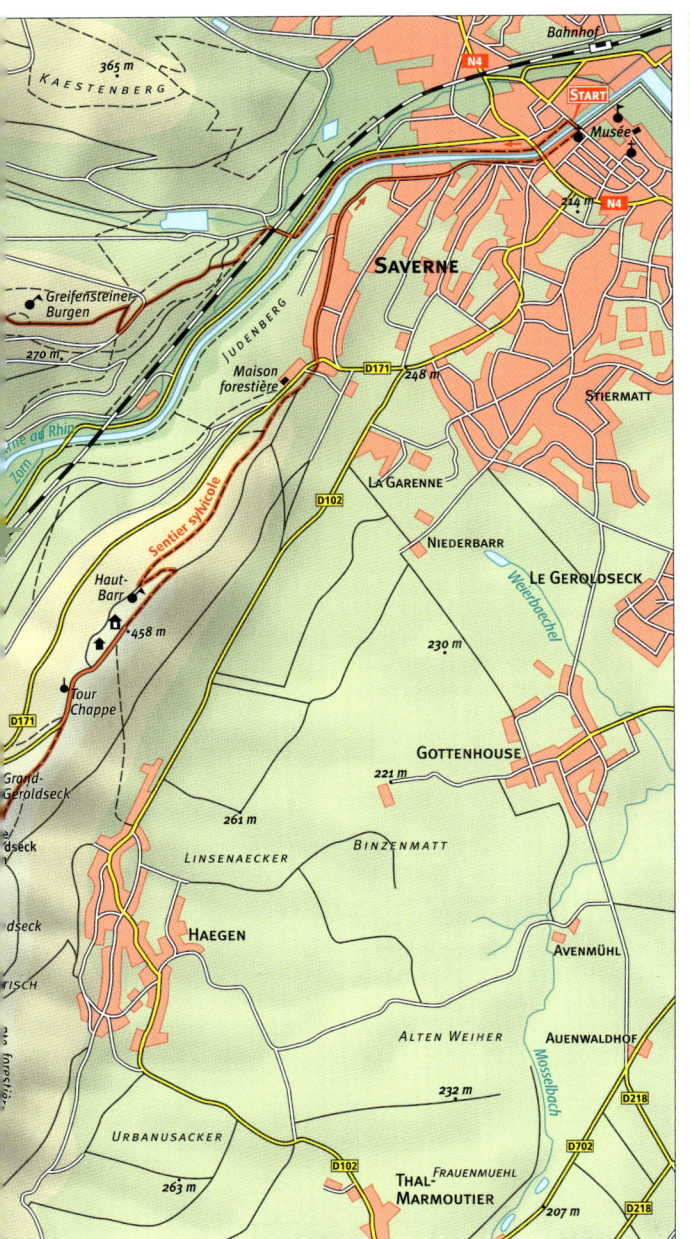

Natur im Rheinauwald

Schloss Pourtalès bei Straßburg

Vor den Toren von Straßburg liegt der alte Rheinauwald und das Schloss von Pourtalès aus dem 19. Jh., dessen Park zu den beliebtesten städtischen Ausflugszielen gehört. Der Auwald ist besonders schön im Frühling oder im Herbst, wenn die Beeren reifen.

DIE WANDERUNG IN KÜRZE

+
Anspruch

2.30 Std.
Gehzeit

7 km
Länge

Charakter: Angenehmer Rundgang auf ebenen Wald- und Feldwegen. Ein Teil der Wege ist asphaltiert und wird auch von Radfahrern benutzt

Markierung: Nur der Thalerkopfpfad ist beschildert

Wanderkarten: Club Vosgien No. 2/8; IGN série bleue 3816 O (Strasbourg); der Thalerkopfpfad ist nur für ein kleines Stück eingezeichnet

Einkehrmöglichkeiten: Keine

Anfahrt: Von Straßburg, am Palais de l'Europe vorbei, zum Vorort Robertsau. In der Ortsmitte an der Kirche rechts abbiegen, Richtung Pourtalès. Großer Parkplatz am Eingang des Schlossparks. Oder von Straßburg mit dem Stadtbus CTS No. 15, Haltestelle Mélanie

Stechmücken: Im Sommer kann es in der Rheinaue sehr schwül werden – ein Klima, das Stechmücken besonders lieben. Also: Mückenschutz mitnehmen!

Der Spaziergang beginnt am Rand der Robertsau, einem ehemaligen Fischerdorf zwischen Rhein und Ill, das früher von unzähligen großen und kleinen Wasserläufen durchzogen war. In den letzten Jahren wurde der ländliche Vorort, der heute Gemüse und Blumen nach Straß-

burg liefert, freilich immer mehr zum Nobelviertel, und neben den traditionellen elsässischen Fachwerkhäuschen, bei denen sich der Wirtschaftsbau direkt an den Wohnteil anschließt, schießen jetzt teure moderne Wohnblocks wie Pilze aus dem Boden. Vom **Parkplatz** direkt

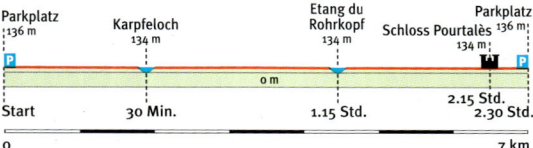

Parkplatz 136 m	Karpfeloch 134 m		Etang du Rohrkopf 134 m		Parkplatz Schloss Pourtalès 136 m 134 m
Start	30 Min.		1.15 Std.		2.15 Std. 2.30 Std.

0 m

0   7 km

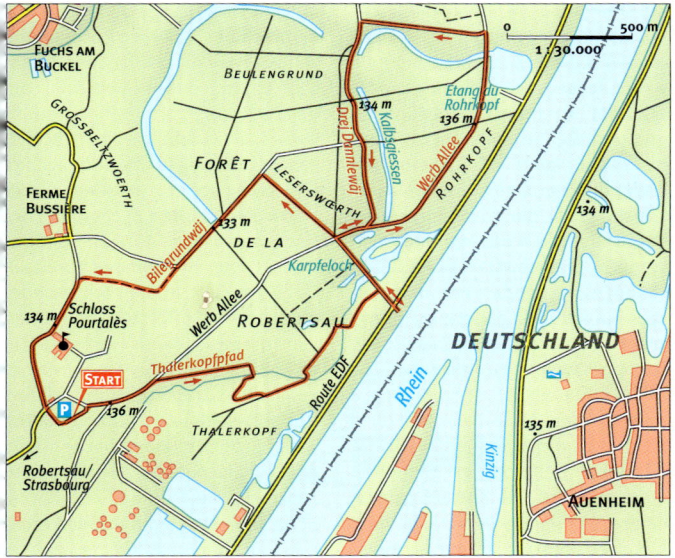

gegenüber dem Schlosspark Pourtalès gehen wir zunächst auf der kleinen geteerten Straße weiter nach rechts und passieren einen Schlagbaum, der den Weg für den motorisierten Verkehr sperrt. Gleich darauf stehen wir auf der **Werb Allee,** dem historischen Damm, der bei der ersten, von Tulla begonnenen Rheinbegradigung im 19. Jh. angelegt wurde. (*Wer* oder *Werb* heißt im elsässischen Dialekt Deich, Damm.) Hier müssen wir uns nach links wenden und gelangen bald zu einem Treppchen, das rechts vom Damm herunter auf die Wiese führt.

Diesen Weg schlagen wir ein und stoßen nach 5 Min. auf den **Thalerkopfpfad,** der sich in großen Schleifen durch den Auwald schlängelt und uns auf drei Holzbrücken über den Stangegiessen führt. Der Weg ist verhältnismäßig gut ausgezeichnet – zwischen der ersten und zweiten Brücke gehen wir ein Stück auf einem überwachsenen Damm und müssen dann bei einem kleinen Bunker, Überbleibsel der Maginot-Linie, links in den Wald herabsteigen. Knapp 10 Min. nach der dritten Brücke mündet der Thalerkopfpfad auf das **Karpfeloch,** eine größere Wasserfläche, auf der zahlreiche Enten, Blesshühner und Schwäne schwimmen (30 Min.). Von hier machen wir einen kurzen Abstecher zum Rhein, dessen Geräusche wir wahrscheinlich schon seit einiger Zeit in der Ferne wahrgenommen haben. Wir wenden uns nach rechts, passieren einen Schlagbaum, überqueren Parkplatz und Straße und steigen dann den hohen Deich hinauf, der die Fahrrinne des Rheins heute begrenzt.

Nach einem Blick auf das badische Ufer und den **Hafen von Kehl-Auenheim** kehren wir zurück zum Karpfeloch und gehen nun auf der Karpfelochwerb geradeaus weiter, am Muerkittel, am Schetzeberjerkittel (Fischteiche) und am Thalerkopfpfad vorbei bis zur Werb Allee, die wir ja schon vom Hinweg kennen. Wir wenden uns nach rechts und folgen dem Damm ungefähr 20 Min., bis wir auf der rechten Seite den **Etang du Rohrkopf** mit seinen Anglern durch die Bäume schimmern sehen. Über uns wölbt sich ein Dach von prächtigen alten Platanen, und im Juli/August bedeckt ein rosa-gelber Teppich aus indischem Springkraut und kanadischer Goldrute die flachen Hänge des Damms.

Am Ende des Etang du Rohrkopf führt die Werb Allee über eine kleine Brücke, und hier schlagen wir auf der linken Seite den geraden Pfad ein, der in geringer Entfernung von einem kleinen Giessen in den Wald hinunterführt. Gleich nachdem wir an zwei hübsch gelegenen Bänken am Wasser vorbeigekommen sind, stoßen wir wieder auf ein asphaltiertes Sträßchen, den **Drej Dannlewäj** (dieser Name erscheint erst etwas später auf einer Tafel). Hier müssen wir, am Kalbsgiessen entlang, links gehen und erreichen in etwa 20 Min. wieder die Werb Allee (1.45 Std.). Der Auwald ist für die Bedürfnisse der Städter gut angelegt, und wir kreuzen mehrere bezeichnete Pfade: Kathrinepfädel, Hellwasserpfad, Wolfswäj. Besonders am Wochenende begegnen uns hier viele Jogger und Radfahrer.

Auf der **Werb Allee** gehen wir nun ein Stückchen nach rechts, kommen an der ebenfalls bereits bekannten Karpfelochwerb vorbei und schlagen dann den Feldweg ein, der rechts vom Damm herabführt, zwischen Feld und Waldrand. Wenn wir auf eine kleine Asphaltstraße, den **Bilegrundwäj**, stoßen, müssen wir links gehen. Bald säumen hohe alte Platanen unseren Weg; wir nähern uns dem Schloss. In einer Rechtskurve verlassen wir das asphaltierte Sträßchen (2 Std.), das noch ein Stück um den Park von Pourtalès herumführt, und gehen – vorbei an einem Schild, das den Fußweg für Motorfahrzeuge und Reiter sperrt – geradeaus. Hier sind viele der alten Buchen und der Buchsbaum den Stürmen vom Dezember 1999 und Sommer 2001 zum Opfer gefallen, aber es wird wieder großzügig aufgeforstet. Am kleinen Platz mit den Zwergen von Jean-Marie Knauth »Leur lieu« (1995) – einer Realisation des Freilichtmuseums für zeitgenössische Kunst – halten wir uns rechts und erblicken kurz darauf zwischen den Baumgruppen zur Linken das Schloss.

An einer Art Forsthäuschen erreichen wir wieder die kleine Strasse, die wir am Eingang des Parks verließen. Sie führt uns in 5 Min. bequem zu den Gebäuden von **Schloss Pourtalès** (19. Jh.), die jetzt die amerikanische Schiller University beherbergen. Das beliebte kleine Café ist leider verschwunden. – Der Name des Schlösschens geht zurück auf seine berühmteste Besitzerin: Die schöne, geistreiche Gräfin Mélanie de Pourtalès (1836–1914) verkehrte in Paris am Hof Napoleons III. und machte ihren Sommersitz im Elsass nach 1871 zu einer Hochburg französischer Kultur. Illustrer europäischer Hochadel, Politiker und Künstler (unter ihnen Albert Schweitzer) trugen sich ins Gästebuch ein.

Bevor wir durch eine schöne Platanenallee zum Ausgang des Parks und zum **Parkplatz** zurückkehren, können wir, kurz vor dem Schloss, noch einen Abstecher zu weiteren Kunstwerken des Freilichtmuseums machen: dem »Génie du lieu« von Guilio Paolini, den originellen »Bronzeohren« von Claudio Parmiggiani und dem lustigen »Bowler« von Barry Ranagan am Ufer des mit Schilf zugewachsenen Sees. Insgesamt haben wir für unseren Rundgang ungefähr 2.30 Std. gebraucht.

Rhein und Rheinaue

Bis zum 19. Jh. floss der Rhein zwischen Basel und Binger Loch nicht in einem festen Bett, sondern in vielen, sich verändernden Flussarmen. Manche Orte am Strom befanden sich bald auf der linken, bald auf der rechten Uferseite, andere wurden von den Fluten hinweggerissen. Auch die berühmte ›Lange Bruck‹ zwischen Straßburg und Kehl passte sich dem wechselnden Verlauf der Rheinarme an. Um 1570 maß sie 700 m, 1621 erreichte sie mit fast 1,5 km ihre größte Länge. Um die Bewohner der Ebene vor den gefährlichen Überschwemmungen zu schützen und gleichzeitig fruchtbares Ackerland zu gewinnen, begann der badische Ingenieur Johann Gottfried Tulla (1770–1828) 1816 mit der Begradigung zahlreicher Rheinarme. Man lenkte die gefürchteten Hochwasser in ein neues Flussbett und verkürzte den Talweg um ein Viertel seiner ursprünglichen Strecke. Der zweite große Eingriff war nach dem Ersten Weltkrieg der Bau des Rheinseitenkanals (Grand Canal d'Alsace) und einer Reihe von Wasserkraftwerken durch die Franzosen. Alarmiert durch die bedrohliche Senkung des Grundwasserspiegels und die Versteppung der einst feuchten Böden fand man in den 60er Jahren des 20. Jh. dann ein neues System, die so genannte Schlingenlösung. Ab Breisach benutzt der Kanal streckenweise das begradigte Bett und wird nur zu den Schleusen und Kraftwerken in halbkreisförmige Schlingen (frz. *bief*) gelenkt. Von den Auwäldern, die früher die Ufer säumten, gibt es heute nur noch Teilstücke zwischen Straßburg und Sélestat bzw. zwischen Offendorf und Marckolsheim. Der ausgedehnteste Auwaldgürtel am Oberrhein, das Naturschutzgebiet Taubergiessen, liegt in Deutschland. Charakteristisch für den Auwald sind die Giessen: schmale, aus klaren Quellen gespeiste Flüsschen, die vor der Regulierung das Rheinhochwasser aufnahmen, ableiteten und sich in reißende Gießbäche verwandelten. Diese Hochwasser im Juni/Juli waren auch der Grund für die üppige Vegetation der Auwälder.

Schon im März, noch bevor der Auwald zu grünen beginnt, erscheinen im Unterholz die ersten Frühlingsblumen: Veilchen, Waldanemonen, Immergrün und Sternhyazinthen. Später im Frühling hüllt dann der Bärlauch, der sich wie ein Teppich unter den Buchen ausbreitet, die ganze Gegend in seinen charakteristischen Knoblauchduft. Nicht zu übersehen, vom Frühsommer bis zum Herbst, sind auch die hübschen rosaroten, wohlriechenden Blüten des Indischen Springkrauts. Diese mannshohe Pflanze, die im 19. Jh. zunächst als Gartenpflanze aus dem Himalaya nach Europa gelangte, breitet sich heute wild- wachsend immer weiter entlang der feuchten Flussufer aus. Zusammen mit der Kanadischen Goldrute – ursprünglich ebenfalls eine ausländische Zierpflanze – kann das Springkraut ausgedehnte Kolonien bilden, und mancherorts beginnt man schon damit, beide auszurotten, weil sie sich auf Kosten der einheimischen Pflanzen breit machen.

Am Canal de la Bruche

Zum frühromanischen Dompeter bei Avolsheim

Kein Stück Wald unterbricht die lang gestreckten Felder der elsässischen Kornkammer. Auf einer Wanderung entlang dem Canal de la Bruche zum frühromanischen Dompeter bei Avolsheim lernt man dieses Ackerland am besten kennen – bei jeder Jahreszeit.

DIE WANDERUNG IN KÜRZE

+
Anspruch

3.15 Std.
Gehzeit

12 km
Länge

Charakter: Leichte Halbtagswanderung; im ersten Teil auf einem asphaltierten Treidelpfad, der auch als Radweg dient; im zweiten Teil auf nur teilweise befestigten Wirtschaftswegen durch Weinberge und Felder

Markierung: Streckenweise blaues oder rotes Kreuz

Wanderkarten: Club Vosgien No. 4/8; TOP25 3716 ET (Mont Ste-Odile). Für den Treidelpfad genügt eine einfache Straßenkarte

Einkehrmöglichkeiten: Dorfgasthäuser, keine

Gastronomie. Grand-Cru-Lage: Altenberg de Wolxheim

Anfahrt: Ergersheim liegt nördlich von Molsheim an der D 30. Parken am Ortsrand vor dem Kanal

Hinweis: Da der Treidelpfad zugleich Fuß- und Radweg ist, herrscht am Wochenende viel Betrieb. Der Rückweg durch die Felder ist ruhiger, nach Regenfällen jedoch streckenweise aufgeweicht und nicht begehbar

Der Spaziergang beginnt am Kanal am Ortsausgang von **Ergersheim,** wo wir auf den zum Radweg ausgebauten alten Treidelpfad biegen. Hohe Bäume säumen das Ufer, Stockenten und Blesshühner nisten im Schilf, über den Weinbergen sehen wir das Horn von Wolxheim mit der vergoldeten Christus-Statue. Von Ergersheim geht es über **Wolxheim** nach Le Canal. Ab Wolxheim ist unser Weg, der streckenweise mit dem großen ›Sentier Stanislas-Kleber‹ (rote Raute) zusammenfällt, auch

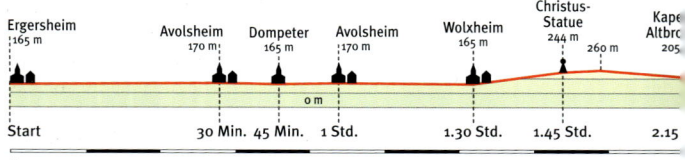

Ergersheim 165 m · Avolsheim 170 m · Dompeter 165 m · Avolsheim 170 m · Wolxheim 165 m · Christus-Statue 244 m · 260 m · Kape Altbr 205

0 m

Start · 30 Min. · 45 Min. · 1 Std. · 1.30 Std. · 1.45 Std. · 2.15

0

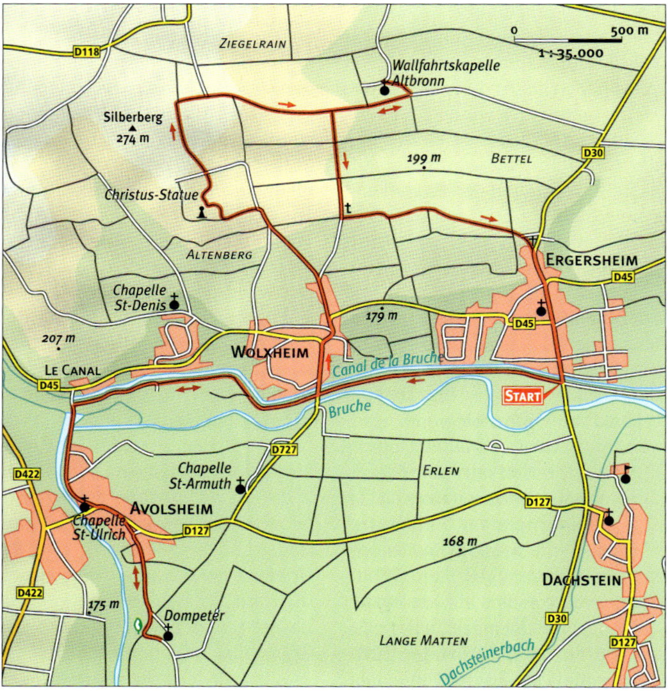

Map showing the walking route around Avolsheim, Wolxheim, Ergersheim and Dachstein, with labels: D118, Ziegelrain, Wallfahrtskapelle Altbronn, Silberberg 274 m, 199 m, Bettel, D30, Christus-Statue, Altenberg, Chapelle St-Denis, 207 m, Ergersheim, D45, 179 m, D45, Le Canal, D45, Wolxheim, Canal de la Bruche, START, Bruche, D727, D422, Chapelle St-Armuth, Erlen, D422, Avolsheim, D127, Chapelle St-Ulrich, D127, 168 m, Dachstein, D422, 175 m, Dompeter, D30, Lange Matten, Dachsteinerbach, D127. Scale 1:35.000, 0 – 500 m.

mit dem blauen Kreuz des Club Vosgien markiert.

In **Le Canal,** am Zusammenfluss von Bruche und Mossig, nicht weit von Soultz-les-Bains, beginnt der Kanal und endet der Treidelpfad. Hier gehen wir nach links, überqueren zwei Brücken und folgen dann dem geteerten Damm nach **Avolsheim** (30 Min.). Am Kirchplatz liegt die neuromanische Maternuskirche (1910/11) und direkt daneben die Kapelle St-Ulrich, die wahrscheinlich schon im 9. Jh. entstanden ist. Der kleine, kreisrunde Zentralbau mit den vier hufeisenförmigen Apsiden wurde mehrfach umgebaut, und bei der jüngsten Renovierung hat man den ursprünglichen Grundriss geschickt durch die besondere Pflasterung des Bodens angedeutet.

Zum Dompeter führt die Straße vom Kirchplatz zunächst weiter durchs Dorf (Rue St-Materne, Rue de la Paix, Rue du Dompeter) und dann ein Stück durch die Felder. Wer das Elsass kennt, bemerkt auf der linken Seite eine so genannte **Bank der Kaiserin Eugénie.** Diese Bänke *(bancs de l'Impératrice Eugénie)*, zu sehen an zahlreichen elsässischen Stra-

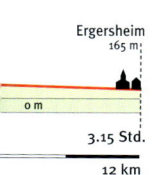

Ergersheim
165 m

0 m

3.15 Std.

12 km

ßen, haben seltsame kleine Aufbauten – zwei oder drei massive vertikale Steinpfosten, die durch zwei verschieden hohe horizontale Steinplatten verbunden werden. Sie wurden um die Mitte des 19. Jh. zu Ehren der Gemahlin Napoleons III. aufgestellt und sollten den Bauern und Bauersfrauen, die oft mit schweren Lasten unterwegs waren, als Rastplatz am Wegesrand dienen.

Vorbei an der Lourdes-Grotte und am Brunnenhäuschen der hl. Petronilla gehen wir bis zur weithin sichtbaren alten Linde, die gegenüber dem noch heute genutzten **Dompeterfriedhof** liegt (45 Min.). Am Eingang steht ein großes Kreuz aus rotem Sandstein, bezeichnet 1653; in die Umfassungsmauern eingelassen sind zahlreiche alte Grabkreuze. Klassizistische Grabdenkmäler, girlandenverzierte Vasen und Sarkophage säumen die schöne Taxusallee, die hinter dem Friedhof wieder zur Lourdes-Grotte führt. Der **Dompeter** gilt als die älteste Landkirche im Elsass. Auf eine kleine Basilika der Merowingerzeit (7./8. Jh.), die durch Ausgrabungen nachgewiesen wurde, folgte ein Bau, den der elsässische Papst Leo IX. 1049 weihte und dessen frühromanische Anlage sich bis heute in ihren Grundzügen erhalten hat: eine dreischiffige niedrige Basilika mit sechs Pfeilerarkaden, einem starken Westturm und einem dreiteiligen Chor. Um die Mitte des 18. Jh. erhielt der Turm nach einem Blitzschaden seinen charakteristischen achteckigen Oberbau, und 1829, nach der Französischen Revolution, vergrößerte man den Chor und die kleinen Fenster der Seitenschiffe. Heute liegt der Dompeter, im Mittelalter Mutterkirche von Molsheim und bis zum Bau der Maternuskirche Pfarrkirche von Avolsheim, einsam inmitten des Friedhofs am Ortsrand in den Feldern.

Die Holzstatuen und Reliquiare, die sich noch nach dem Zweiten Weltkrieg in der Kirche befanden, wurden zum Teil gestohlen, zum Teil in Sicherheit gebracht, und so verbleibt nur noch die barocke Kreuzigungsgruppe im Chor.

Für den Rückweg benutzen wir bis **Wolxheim** wieder denselben Weg und wandern dann in einem großen Bogen quer durchs Land über das Horn von Wolxheim und die Wallfahrtskapelle von Altbronn zurück nach Ergersheim. Bis zur Kapelle ist der Weg durchs Dorf und die Weinberge mit dem blauen Kreuz markiert: Rue de Molsheim, dann rechts in die Rue de Strasbourg (hier ist eine alte Kreuzwegstation in eine Hauswand eingemauert), und am Ortsende geradeaus auf den Chemin du Horn. In den Weinbergen zur Rechten und Linken gedeiht der Grand Cru Altenberg. Wolxheimer Riesling servierte man auch Wilhelm II. 1889 bei der Einweihung des Kaiserpalastes in Straßburg.

Ungefähr 15 Min. hinter dem Dorf führt links vom geteerten Nutzweg ein schmaler Pfad hinauf zur **Christus-Statue** auf dem Horn (1.45 Std.). Sie entstand Anfang des 20. Jh. auf Anregung eines gebürtigen Wolxheimers, der damals wie viele Elsässer in Frankreich lebte und die Bauarbeiten an der Kirche Sacré-Cœur in Paris mit größter Bewunderung verfolgte. In einem seiner Briefe an den Pfarrer von Wolxheim Anfang 1911 regt er an, auch den Hügel seines Heimatdorfes nach dem Vorbild von Montmartre mit einer Statue zu krönen. Schon im folgenden Jahr, am 5. Juli 1912, wurde die große vergoldete Christus-Figur in feierlicher Prozession auf den Berg gebracht und

Der Dompeter in Avolsheim

geweiht. Der Wanderer bewundert die Aussicht über die Weinberge der Vogesenvorhügel und die Felder des Kochersbergerlandes bis hin zum Turm des Straßburger Münsters, der sich am Horizont abzeichnet.

Ganz in der Nähe, mitten in den Äckern, erblicken wir auch die Dächer der **Wallfahrtskapelle von Altbronn,** unser nächstes Ziel. Wir folgen dem blauen Kreuz (›Scharrach, Altbronn‹), überqueren einen geteerten Wirtschaftsweg und steigen dann durch die Weinberge die Anhöhe hinauf, bis wir uns nach rechts wenden müssen. Immer geradeaus (nicht zum Scharrach abbiegen!) erreichen wir dann in einer Viertelstunde die Kapelle (2.15 Std.). Das letzte Wegstück prägen wir uns gut ein, weil wir es für den Rückweg wieder benutzen müssen.

Von dem im 14. Jh. ausgestorbenen Dorf Altbronn bleibt heute nur noch die gotische Muttergotteskapelle, die um 1900 wiederhergestellt

wurde (Wallfahrt am 2. August). Aus dieser Epoche stammen auch neugotischer Kirchturm und Kreuzweg. Eine einzelne ältere Kreuzwegstation in der Art, wie wir sie schon in Wolxheim gesehen haben, steht am Eingang des kleinen Friedhofs.

Von Altbronn nach Ergersheim gehen wir zunächst knapp 10 Min. auf dem Weg, den wir gekommen sind, durch die Felder zurück. Dann nehmen wir den Weg, der links zwischen Weinbergen und Feldern entlangführt, bis zu der dritten Kreuzwegstation (2.45 Std.) – wir müssen zwei Feldwege überqueren. Hier wenden wir uns noch einmal nach links und gehen nun geradeaus in einem leichten Bogen durch die Weinberge bis zum Friedhof am Ortseingang von **Ergersheim.** Wir folgen der Dorfstraße und gelangen, immer geradeaus, vorbei an der Kirche St-Nicolas und einem Trapistinnenkloster, wieder an den Kanal zurück zum Auto (3.15 Std.).

Der Canal de la Bruche

Der Canal de la Bruche gehört – mit dem Canal Vauban oder Kanal von Neu-Breisach – zu den ältesten noch heute bestehenden elsässischen Kanälen. Sie entstanden, als Ludwig XIV. in der zweiten Hälfte des 17. Jh. das annektierte Elsass mit einer Reihe von festen Plätzen überzog und man große Mengen von Baumaterial sicher und billig transportieren musste. Gleich nach dem triumphalen Einzug des französischen Königs in Straßburg im Oktober 1681 begann der Festungsbaumeister Vauban mit der Anlage des Canal de la Bruche, und er konnte ihn in weniger als einem Jahr beenden. Auf dem etwa 20 km langen Kanal, der nördlich des gleichnamigen Flüsschens verläuft, wurden dann die Quader aus den Steinbrüchen von Soultz-les-Bains zum Bau der neuen Zitadelle nach Straßburg geschafft. Im Sommer 1683 kam Ludwig XIV. höchstpersönlich zur

Besichtigung, und sein Minister Louvois gab bei dieser Gelegenheit Order, man möge den Verkehr auf dem Kanal wenn nötig für zwei oder drei Tage sperren, damit Seine Majestät bei der Inspektion möglichst viele Schiffe zu Gesicht bekäme.

Nach der Beendigung der Zitadelle benutzte man den Kanal zum Warentransport. Brennholz aus den Vogesen, Bruchsteine aus Soultz-les-Bains, Ziegel aus Achenheim, Wein aus Ergersheim und Wolxheim wurden auf dem Wasserweg billig nach Straßburg geliefert. Auch Mühlen und Fabriken siedelten sich damals am Kanalufer an. Zu Beginn des 20. Jh. ging die Tonnage der Lastkähne jedoch beständig zurück, und so wurde der Kanal 1957 endgültig für die Schifffahrt geschlossen. 1986 begann man damit, den alten Treidelpfad zum Fuß- und Radweg auszubauen, und seit 1992 ist er Teil des europäischen Radwanderwegs, der von Offenburg über Straßburg nach Molsheim führt.

Bank der Kaiserin Eugénie

Das Riesenspielzeug

Vom Nideckwasserfall zu den Burgen Nideck und Hohenstein

In den Wäldern des oberen Bruchetals erheben sich, weitab von jeder menschlichen Behausung, die Ruinen mittelalterlicher Ritterburgen. Am berühmtesten wurde Burg Nideck durch die Sage vom Riesenspielzeug und den nahe gelegenen gewaltigen Wasserfall.

DIE WANDERUNG IN KÜRZE

++
Anspruch

3 Std.
Gehzeit

10 km
Länge

Charakter: Mittelschwere Wanderung durch den Wald, mit einem kräftigen Aufstieg vom Wasserfall (470 m) zum Forsthaus Nideck (601 m)

Markierung: Rotes Rechteck und blauer Ring bis Burg Nideck; gelbes Rechteck bis Maison forestière du Nideck; blaues Rechteck und blauer Ring bis ›Anlagen‹; blaues Dreieck und gelbes Kreuz bis Burg Hohenstein; blaues Dreieck und blauer Ring bis Maison forestière Hohensteinwald; rotes Rechteck und blauer Ring bis Waldparkplatz an der D 218

Wanderkarten: Club Vosgien No. 4/8; TOP25 3716 ET (Mont Ste-Odile)

Einkehrmöglichkeiten: Keine. Gasthäuser in Oberhaslach

Anfahrt: Ausgangspunkt der Wanderung ist der Waldparkplatz am wieder eröffneten Café La Cascade du Nideck, an der D 218 zwischen Oberhaslach und Wangenbourg, westlich von Straßburg. Der Gasthof ist ein stattliches Gehöft mitten im Wald, ungefähr 4 km von Oberhaslach und 1 km vom Campingplatz Luttenbach entfernt. Am Parkplatz findet sich das Schild ›Forêt domaniale de Haslach‹

St-Florent: Sehenswert ist die gotische Florentiuskirche in Niederhaslach mit schönen Glasfenstern

Die Wanderung beginnt auf der rechten Seite des **Café La Cascade du Nideck,** wo der gut markierte Fußweg mit dem roten Rechteck (GR 53) ziemlich steil in den Wald hinaufführt. Besonders an schönen Sommersonntagen gibt es hier viele Wanderer. Kleine Tafeln am Wegrand stellen die häufigsten Bäume des

Mischwaldes vor: *chêne, hêtre, frêne, érable, sapin pectiné, épicéa ...* man kann seine Französischkenntnisse prüfen! Nach einem Aufstieg von knapp 30 Min. stehen wir staunend am Fuß der **Cascade du Nideck,** die sich aus 25 m Höhe durch den Spalt einer breiten Porphyrfelswand ergießt und ein ganz prächtiges

63

Schauspiel bietet. Über schlüpfrige Stufen klettern wir anschließend neben dem rauschenden Wasser in die Höhe, kommen oberhalb des Wasserfalls an einer Aussichtskanzel vorbei, gehen an einer kleinen Brücke links und erreichen bald darauf den mächtigen Bergfried der Unterburg von **Burg Nideck,** der wahrscheinlich im 13. Jh. errichtet wurde und Anfang des 17. Jh. einem Brand zum Opfer fiel. Eindrucksvoll ist der Blick über die schier endlosen Wälder des oberen Bruchetals von der etwas höher gelegenen Oberburg, deren Schildmauer wir über eine mit einem Gitter gesicherte Außentreppe erklimmen können (45 Min.). Berühmt wurde die Burg in Deutschland durch Adelbert von Chamissos Ballade vom Riesenfräulein, das einen pflügenden Bauern samt seinem Gespann als Spielzeug in ein großes Tuch packt. Mit ein paar Schritten trägt sie ihren Fund zurück auf die Burg, wird dort aber vom Riesenvater streng belehrt:

Was hast du angerichtet?
Das ist kein Spielzeug nicht!
Wo du es hergenommen,
da trag es wieder hin,
Der Bauer ist kein Spielzeug,
was kommt dir in den Sinn!

Bis hierher sind wir mit dem roten Rechteck (und blauen Ring) gewandert, jetzt wechseln wir die Markierung. Wir gehen einige Schritte bis zur Unterburg zurück und folgen nun dem gelben Rechteck (GR 532) durch den Wald bis zur **Maison forestière du Nideck** (1.15 Std.). Der Pfad durch das Nideckbächeltal ist zunächst angenehm flach, um nach der Brücke erneut kräftiger anzusteigen.

Das Forsthaus, in dem man leider nicht mehr bewirtet wird, liegt an der Autostraße von Niederhaslach nach Wangenbourg und an einer Kreuzung der drei großen elsässischen Fernwanderwege, die Sentiers de Grande Randonnée (GR, rotes, gelbes und blaues Rechteck). Wir wenden uns nach rechts, Richtung ›Anlagen‹, und gehen mit dem blauen Rechteck (GR 531) ungefähr 10 Min. am Straßenrand entlang. Dann biegen wir auf der rechten Seite auf einen schmalen Fußpfad, den Sentier des pèlerins, so genannt nach den lothringischen Pilgern, die hier einst zur Kapelle des hl. Florentius in Oberhaslach wallfahrteten. Der stellenweise feuchte Weg, abwechselnd mit dem blauen Rechteck und dem blauen Ring gekennzeichnet (›Circuit des ruines‹), führt zunächst abwärts bis zu einem mitten im Wald gelegenen kleinen Teich, dem **Kasperlehep,** und dann auf dem linken Ufer des Luttenbachs wieder leicht in die Höhe bis zur Wegspinne **Anlagen** (2 Std.). Auf den Picknickbänken unter hohen Bäumen können wir hier einen Augenblick rasten.

Einige Schritte vor den ›Anlagen‹, am Schild ›Route forestière du Sand-

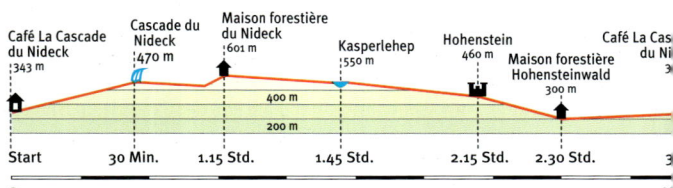

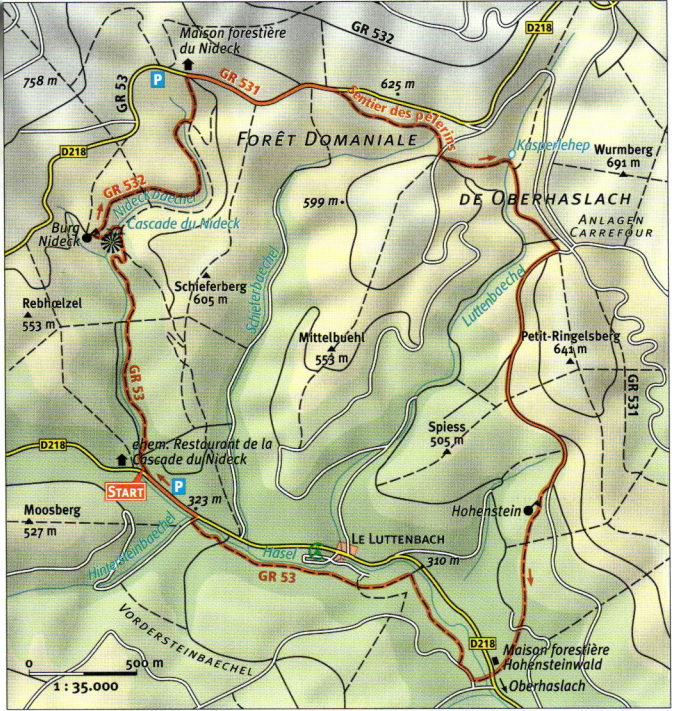

berg‹, nehmen wir nun den bequemen, breiten Waldweg zu den ›Ruines Hohenstein‹ (gelbes Kreuz und blaues Dreieck), die wir in etwa 15 Min. erreichen. Kurz vor der Burg, wenn wir wieder auf den Pfad mit dem blauen Ring stoßen, müssen wir von unserem breiten Weg scharf nach rechts in den Wald hinunterbiegen. Dann stehen wir gleich darauf vor den Resten von **Hohenstein** – Anfang des 13. Jh. erbaut und schon im 14. Jh. durch den Bischof von Straßburg zerstört (2.15 Std.). Am eindrucksvollsten ist der Blick über das Haseltal von der äußersten Bergspitze.

Vor dem Burgberg treten wir den Rückweg an: zunächst mit einer drei-

fachen Markierung (gelbes Kreuz, blaues Dreieck, blauer Ring), dann folgen wir dem blauen Dreieck, das sich mit dem blauen Ring abwechselt, nach rechts steil in den Wald hinunter, bis wir an der **Maison forestière Hohensteinwald** wieder die Autostraße Oberhaslach – Wangenbourg erreichen (2.30 Std.). Wir überqueren diese Straße, stoßen gleich nach der kleinen Brücke auf den GR 53 (rotes Rechteck), wenden uns nach rechts und wandern jetzt im Haseltal in 30 Min. bequem zum **Parkplatz** zurück – die letzten 500 m müssen wir noch einmal neben der Autostraße hergehen (3 Std.).

65

Tour 12

Ein keltisches Höhenheiligtum

Von Wackenbach zum Donon

Im oberen Bruchetal erhebt sich der 1008 m hohe Donon, ein uraltes keltisches Höhenheiligtum. Das freiliegende, kahle Sandsteinplateau, auf dem der Wanderer im Sommer die einzigartige Fernsicht genießt, liegt inmitten ausgedehnter einsamer Wälder.

DIE WANDERUNG IN KÜRZE

++
Anspruch

4 Std.
Gehzeit

14 km
Länge

Charakter: Mittelschwere Wanderung mit einem langen Anmarsch durch den Wald von Wackenbach (367 m) bis zum Col du Donon (718 m); dann steiler Aufstieg zum kahlen Gipfel (1008 m). Das letzte Wegstück zwischen dem Col entre les deux Donon und Wackenbach ist nicht gut unterhalten

Markierung: Rotes Rechteck/GR 5 bis Col entre les deux Donon; gelbes Kreuz bis Wackenbach

Wanderkarten: Club Vosgien No. 4/8; TOP25 3616 OT (Le Donon)

Einkehrmöglichkeiten: Am Col du Donon Hotel-Restaurant Velléda. In Rothau-La Claquette Hotel-Restaurant La Rubanerie

Anfahrt: Von Straßburg nach Südwesten durch das Bruchetal bis Schirmeck (A 352, N 420). In Schirmeck-La Broque Richtung Col du Donon (D 392) bis Wackenbach. Parken an der Kirche

Tipp: Will man nur die gallo-römischen Denkmäler besichtigen, dann fährt man mit dem Auto bis zum Hotel Velléda am Col du Donon und kehrt nach der Gipfelbesteigung am Col entre les deux Donon zum Hotel zurück (am Schild ›Forêt domaniale du Donon‹ den Weg zur Plate-Forme du Donon nehmen, gelbes Kreuz, ca. 30 Min.)

Unsere Wanderung beginnt an der Kirche von **Wackenbach.** Wir benutzen für den ersten Teil den GR 5 (rotes Rechteck), der etwas oberhalb der Hauptstraße des Dorfes verläuft. Ein größerer Stein mit unserer Markierung liegt auf der linken Seite der

Prächtiges Schauspiel am Nideckwasserfall

Rue du Rain, ungefähr 5 Min. von der Kirche entfernt, vor einer Hecke. Im Sommer kann er schon mal im hohen Gras verborgen sein, wir müssen also aufpassen. Haben wir den Ausgangspunkt glücklich gefunden, ist unser Weg gut gekennzeichnet, und wir folgen dem roten Rechteck nach links über eine kleine Brücke hinauf in den Wald. Wir gehen immer am Hang entlang, ungefähr parallel zur Autostraße im Tal. Bei Grandfontaine benutzt der GR 5 für ein kurzes Stück die Straße zum Donon, führt dann auf der linken Seite steil durch ein Wiesental und steigt schließlich langsam, aber stetig noch eine gute halbe Stunde durch den Wald. Zweimal überqueren wir dabei einen kleinen Bach.

Wenn wir am **Col du Donon** wieder die Fahrstraße erreichen (1.15 Std.), öffnet sich vor uns eine hübsche Hochfläche (Plate-Forme du Donon) mit Wiesen, kleinen Waldstücken und einzelnen Häusern. Nach der Maison forestière du Bas-Donon kommen wir zum Hotel-Restaurant Velléda, auf dessen großer baumbestandener Terrasse man im Sommer angenehm kühl sitzt. Die meisten Gäste sind allerdings Auto- oder Motorradfahrer, denn das Lokal liegt an einer viel befahrenen Straßenkreuzung.

Jetzt beginnt der eigentliche Aufstieg zum Gipfel – dabei bleibt unsere Markierung weiter das rote Rechteck, das hier für ein kurzes Stück mit dem gelben und blauen Kreuz zusammenfällt. Zwischen Scheune und Restaurant gehen wir zur Straße hinauf, wenden uns nach rechts und biegen dann nach etwa 5 Min. bei einer großen Tafel (›Sommet du Donon‹) wieder nach rechts auf einen steinigen Fußpfad. An ei-

nem Bauernhof vorbei führt uns dieser zunächst durch einen kleinen Wald, überquert danach eine geteerte Straße und steigt anschließend steil einen ganz mit Ginster bewachsenen Hang hinauf, über dem weit sichtbar der Turm des ORTF steht. Je weiter wir um den Berg herumgehen, desto schöner wird die Aussicht. Wir kommen am so genannten **Pierre à sacrifices** (Opferstein) vorbei, einem riesigen Felsblock, dessen Aushöhlungen und Rinnen wahrscheinlich ein Werk der Natur sind (1.45 Std.), überqueren noch einmal eine kleine Straße und erreichen über eine Treppe *Escalier de l'empereur* (so genannt nach Napoleon III.), die gallo-römische Umwallung (2 Std.). Nun betreten wir den **Tempelbezirk.**

In den ersten nachchristlichen Jahrhunderten wurde Elsass-Lothringen von einer gallo-römischen Mischbevölkerung bewohnt, und zu dieser Zeit war der Donon (*dun* oder *dunos* bedeutet im Keltischen ›Berg‹) ein wichtiges Höhenheiligtum und zugleich ein gemeinsamer Zufluchtsort für die umwohnenden Stämme der Mediomatriker, Leuker und Triboker. Die Wiederentdeckung der uralten Kultstätte, die sich nach dem Sieg des Christentums in einen wüsten Trümmerhaufen verwandelt hatte, begann 1692, als zwei gelehrte Benediktiner den Berg bestie-

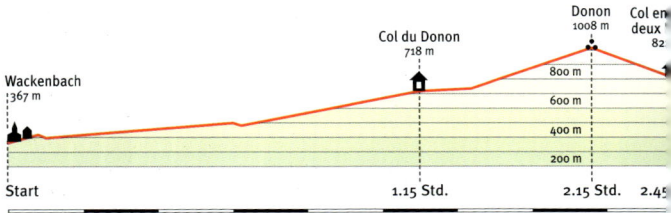

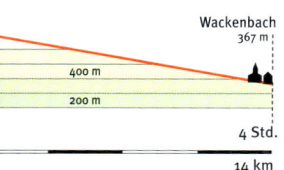

gen, um dort nach sagenhaften merowingischen Königsgräbern zu suchen. Im 20. Jh. erreichten die Forschungen dann ihren Höhepunkt mit den Ausgrabungen von Fanny La-

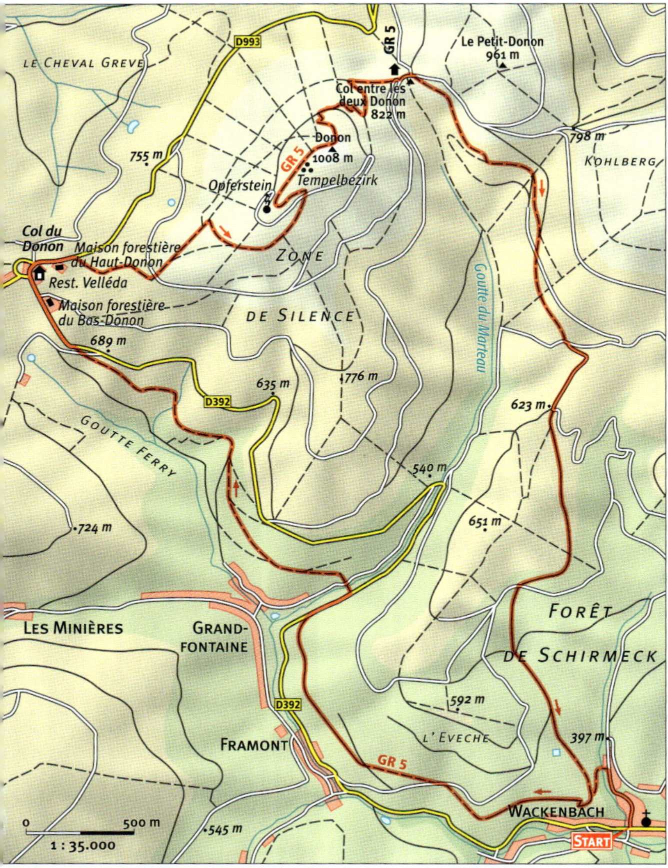

cour zwischen 1922 und 1938. Ihr verdanken wir unsere Kenntnis von der Anlage des heiligen Bezirks mit seinen drei Tempeln sowie eine Anzahl von Basreliefs, Statuen und Inschriften. Zusammen mit den früheren Funden zeigen sie uns den in ganz Gallien verehrten römischen Merkur als den obersten Gott des Höhenheiligtums. Auf dem Donon ersetzt er wahrscheinlich eine ältere Ortsgottheit, vielleicht Vosegus. Dazu kommen Reste der im Rheinland

Auf der obersten Felsplatte des Donon

ebenfalls bekannten Jupitergigan-
tensäulen (Jupiter reitet über den liegenden Giganten hinweg) sowie
mehrere keltische Götterfiguren.
Gemeinsam ist allen diesen Darstel-
lungen die Verschmelzung von römischen und keltischen Glaubens-
inhalten, bezeichnend für das Ge-
spür, mit dem die Römer in den
eroberten Gebieten vorgingen.

Am Eingang des Tempelbezirks
hat man die Nachbildungen von sieben auf dem Donon gefundenen gallo-römischen Reliefplatten aufgestellt, die sich heute im Museum von
Epinal befinden. Einige Schritte weiter stoßen wir auf die Reste der Ausgrabungen. Die meisten Überreste
blieben vom so genannten Tempel
Nr. 1, einem rechteckigen Bau (12,60
x 9,20 m), dessen Fundamente und
umgestürzte Giebelsteine gleich am
Anfang des Weges liegen. Etwas
höher, in der mittleren Zone – hinter
der Tafel des Forstamtes –, fand man
Pfostenlöcher eines zweiten runden
Gebäudes und eine Zisterne zum
Auffangen von Regenwasser. Brun-
nenrand und Gitter stammen natürlich aus neuerer Zeit. Schließlich gab
es direkt unterhalb des Gipfels, welcher der eigentlich heilige Ort des
Donon ist, noch einen dritten Tempel, von dem noch Bruchstücke des
steinernen Dachgebälks zwischen
dem Heidekraut liegen. Sehr viel
besser, schon von weitem sichtbar,
ist heute allerdings der kleine,
pseudo-antike Tempel mit der Auf-
schrift ›Musée‹, der seit 1869 die
oberste Felsenplatte krönt.

Nach dem letzten Aufstieg von
den Stelen bis zum Gipfel des **Donon**
(2.15 Std.) umfasst unser Blick an
der Orientierungstafel ein weites
Panorama: von den Vogesen mit

dem dahinter liegenden Rheintal bis
zu den Seen und Flüsschen der lothringischen Hochebene.

Wir verlassen den Tempel auf der
entgegengesetzten Seite und klettern, immer dem roten Rechteck folgend, den Nordhang herunter. Zwischen den Wurzeln umgestürzter
Fichten sind tiefe Rinnen im Erdreich
ausgewaschen, und das Ganze hat
ein kahles, unfreundliches Aussehen. Am Fuß des Berges gehen wir
auf einem Forstweg ein Stückchen
nach rechts und bald darauf wieder
links in den Wald. Eine halbe Stunde,
nachdem wir den Gipfel verlassen
haben (2.45 Std.), erreichen wir den
Col entre les deux Donon, eine große
Kreuzung mit einem Unterstand des

Club Vosgien und einem Gedenkstein für die im Juli 1915 am Donon gefallenen Soldaten.

Hier verlassen wir den GR 5 und treten den Rückweg ins Tal an. Wir gehen am Unterstand vorbei und folgen zunächst dem gelben und blauen Kreuz (Wackenbach und Schirmeck) nach rechts in den Wald hinunter. Ungefähr 10 Min. später teilt sich der Weg, und wir wählen die Markierung gelbes Kreuz (Wackenbach). Der Abstieg, immer durch den Wald, zieht sich in die Länge, bietet aber sehr schöne Ausblicke. Im Sommer sind Hänge und lichte Stellen mit rotem Fingerhut übersät, am Boden reifen Walderdbeeren. Zweimal müssen wir auf Holzleitern über den Zaun einer Schonung klettern. Wenn das Gras und die Brombeerranken hoch wachsen, ist der schmale, am Boden gekennzeichnete Pfad hier nicht leicht zu erkennen – man muss die beiden Forstwege, auf die man innerhalb der Schonung stößt, überqueren. Ungefähr 1.15 Std. nach unserem Abmarsch vom Col entre les deux Donon erreichen wir, auf einem ganz schmalen Fußweg, wieder die Kirche von **Wackenbach** (4 Std.). Mit dem Auto fahren wir jetzt am besten über Schirmeck nach Rothau-La Claquette, wo wir uns im Hotel-Restaurant La Rubanerie von dem anstrengenden Marsch erholen können.

Oberlin – Soldat Gottes

Rund um Waldersbach im Steintal

Auf den Spuren des Pfarrers Johann Friedrich Oberlin geht es zum Museum in Waldersbach und zu den reizvoll gelegenen Dörfern Belmont und Bellefosse. An den regenreichen Hängen des Champ du Feu genießt man die blühenden Wiesen jedoch nicht vor Ende Mai.

DIE WANDERUNG IN KÜRZE

+
Anspruch

2.45 Std.
Gehzeit

8 km
Länge

Charakter: Leichte Wanderung durch Wald und Wiesen, zuletzt ein Stückchen Straße; der Weg steigt von Waldersbach (492 m) über den Col de la Perheux bis Belmont (780 m)

Markierung: Gelbes Dreieck: Col de la Perheux bis Belmont; blaues Kreuz bis Bellefosse; gelbes Kreuz bis kurz vor Waldersbach; erster und letzter Wegabschnitt sind nicht markiert

Wanderkarten: Club Vosgien No. 4/8; TOP25 3716 ET (Mont Ste-Odile; eine kleine Wegstrecke um Bellefosse fehlt)

Einkehrmöglichkeiten: In Bellefosse die Ferme Auberge Ban-de-la-Roche (Tel. 03 88 97 35 25). In

Fouday Hotel-Restaurant Chez Julien

Anfahrt: Von Straßburg nach Südwesten durch das Bruchetal über Schirmeck bis Devant Fouday (A 352, N 420); dann auf der D 57 nach Waldersbach. Parken am Ortsrand rechts neben der Straße

Musée Oberlin: Das Museum im Waldersbacher Pfarrhaus zeigt Erinnerungsstücke, naturwissenschaftliche Sammlungen, Spiele; Juli/Aug. tägl. außer Di 14–18 Uhr, Tel. 03 88 97 30 27. Die Gräber von J. F. Oberlin und Louise Scheppler befinden sich auf dem Friedhof von Fouday

In **Waldersbach,** vom Parkplatz an der D 57, neben der Schirgoutte, gehen wir die Rue de la Suisse ins Dorf hinauf. Die Gehöfte zur Rechten und Linken sind die typischen steinernen Einhäuser der Vogesen, oft mit sorgfältig behauenen Tür- und Fensterrahmen aus rötlichem Sandstein. Die kleine Kirche gleicht den übrigen protestantischen Gotteshäusern des

Tals: ein einfacher rechteckiger Saal ohne Chor, an drei Wänden von Holzemporen umgeben, und an der vierten freien Wand die Kanzel mit dem darunter liegenden Altar.

Etwas unterhalb vom Pfarrhaus heute das **Oberlin-Museum,** und de Kirche können wir im Rucher du Ban-de-la-Roche beim Imker hiesigen Honig kaufen. Am Museum vor

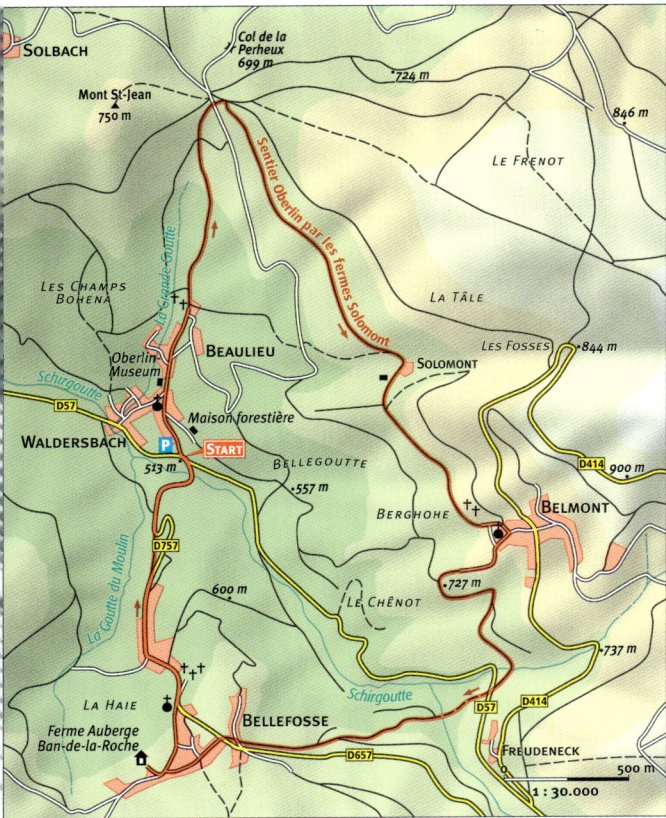

bei führt die Montée Oberlin dann weiter bis zum Ende des Oberdorfes (15 Min.).

Dort lassen wir den Friedhof links liegen und nehmen den von alten Linden gesäumten Weg, der im Volksmund ›Brautallee‹ heißt. Die von Oberlin getrauten Paare pflanzten hier bei ihrer Hochzeit einen Baum, und es haben sich ungefähr 20 200-jährige Linden erhalten. Im Frühsommer wachsen hier auf dem feuchten Boden auch wilde Orchideen. Wenn wir am Ende der steilen Allee aus dem Wald auf die Wiese

treten, halten wir uns auf dem nicht gekennzeichneten Pfad immer geradeaus, bis wir einen gut sichtbaren Bergsattel erreichen, den **Col de la Perheux** (dt. ›Bärhöhe‹; 45 Min.). Dieser Pass verband das Tal der Schirgoutte mit dem Tal der Rothaine, die zusammen den Pfarrbezirk von Waldersbach bildeten, und Oberlin ist diesen Weg oft geritten.

An zwei einsam stehenden Bäumen finden wir hier wieder die Markierungen des Club Vosgien. Unser Zeichen ist das gelbe Dreieck (Sentier Oberlin par les fermes Solomont), und wir wandern nun abwärts über freie Matten und durch jungen Buchenwald bis zu den einsam liegenden Höfen von **Solomont** (1 Std.) und von dort wieder leicht aufwärts bis zum Kirchplatz von **Belmont** (1.15 Std.). Der rechteckige kleine Bau, zwischen 1755 und 1762 aus einer gotischen Kapelle entstanden, birgt ein Christusbild vom Beginn des 16. Jh. (nur zum Gottesdienst geöffnet).

Knapp 10 Min., bis kurz vor dem Wald, verlaufen die Wege nach Waldersbach (roter Punkt) und nach Bellefosse (blaues Kreuz) zusammen, dann müssen wir uns mit dem blauen Kreuz nach links wenden. Durch die Wiesen steigen wir, an einem einsamen Gehöft vorbei, hinunter zu einem kleinen Bach, überqueren die Fahrstraße zum Col de la Charbonnière (1.45 Std.) und folgen dann dem gut ausgezeichneten Pfad ›Ferme Auberge du Ban-de-la-Roche, Bellefosse‹ (blaues Kreuz). Er führt uns über die Schirgoutte, auf und ab durch Wald und Wiesen bis zum Ortseingang von **Bellefosse** (2 Std.). Wenn wir uns auf der Dorfstraße immer geradeaus halten – nicht den Berg hinab- oder hinaufgehen –, dann erblicken wir nach ungefähr 10 Min. vor uns den Berggasthof. Bei warmem Wetter sitzt man im Freien vor der Tür und genießt den schönen Ausblick.

Den Rückweg nach Waldersbach nehmen wir über die kleine Straße

(Schild: ›Gesperrt für über 10 t, Schneeketten‹), die ins Dorf hinunterführt. Wir sehen die Kirche und die Mairie, an der eine Gedenktafel für Oberlins treue Helferin, Louise Scheppler, angebracht ist, gehen am Brunnenplatz rechts und lassen gleich darauf die Häuser von Bellefosse hinter uns. Auf der wenig befahrenen D 657 wandern wir jetzt in einer halben Stunde bequem hinunter zum Parkplatz am Ortseingang von **Waldersbach** (2.45 Std.). Die erste Straßenschleife kürzen wir durch den mit einem gelben Kreuz bezeichneten Feldweg ab, dann müssen wir auf der Fahrstraße bleiben, da der Fußweg nicht zu unserem Parkplatz weiterführt.

Johann Friedrich Oberlin

Das Steintal oberhalb von Rothau, zwischem dem rechten Ufer der Bruche und dem Champ du Feu, nennt sich nach der Burg Stein (Château de la Roche) über Bellefosse, die bereits 1496 als Raubritternest zerstört wurde. Nach der Einführung der Reformation war die acht Dörfer umfassende kleine Herrschaft eine protestantische Enklave in katholischer Umgebung, und der ärmliche Landstrich, ohne Verkehrswege, mit rauhem Klima und schlechtem Boden, galt im 18. Jh. als das ›elsässische Sibirien‹. Diese Hochlandpfarrei übernimmt der 27-jährige Johann

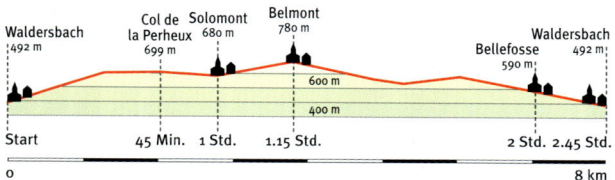

Friedrich Oberlin am 1. April 1767, und er ist dort, nach 59-jähriger Tätigkeit, am 1. Juni 1826 gestorben. Vom Geist der Aufklärung und des Pietismus gleichermaßen geprägt, hat er die schlimmen Verhältnisse als persönliche, ihm von Gott geschickte Herausforderung begriffen.

Sein Christentum der Tat verbindet dann in genialer Weise die Sorge für den Leib und für die Seele seiner Pfarrkinder. Er lässt Schulhäuser in den Dörfern errichten: das erste in Waldersbach gegen den Widerstand der Gemeinde nur aus Spenden und aus eigenen Mitteln. Er entwickelt einen eigenen praktischen Lehrplan für Jungen und – besonders fortschrittlich – für Mädchen, der neben Schreiben, Lesen, Rechnen auch Singen und Malen umfasst, und dessen oberstes Prinzip die lebendige Anschauung ist (darum die noch heute im Oberlin-Museum erhaltenen reichen naturkundlichen Sammlungen). Er erfindet für die jüngeren, unbeaufsichtigten Kinder die ›Strickschulen‹ oder *poêles à tricoter,* eine Kombination aus Kleinkinderhort und Kinderschule. In einer von ihm gemieteten Stube spielen die Kleinsten um den warmen Ofen (frz. *poêle*), während sich die Größeren unter Anleitung von Frauen und Mädchen der Gemeinde im Stricken *(tricoter)* und Nähen üben, singen oder Geschichten erzählt bekommen. Louise Scheppler, die nach dem frühen Tod von Oberlins Frau auch den Pfarrhaushalt führte, ist die bekannteste dieser *conductrices de la tendre jeunesse* (›Führerinnen der zarten Jugend‹) geworden.

Ebenso energisch betreibt Oberlin die Verbesserung der materiellen Lage seiner Pfarrkinder, zunächst oft unter ihren misstrauischen Blicken. Er kümmert sich um die Verbesserung der Landwirtschaft. Hilfe zur Selbsthilfe leistet Oberlin auch durch die Linderung der finanziellen Not. Er richtet eine kleine Leih- und Kreditbank ein, und er zieht Baumwollspinnerei und Weberei ins Tal, die das trotz aller Betriebsamkeit fehlende Kapital in das arme Land bringen sollen. Die den Aufschwung hemmende Isolierung der Dörfer überwindet er durch den Bau einer Straße von Rothau ins obere Bruchetal und durch die Errichtung einer soliden Holzbrücke bei Fouday, die, in Stein ausgeführt, noch heute den Namen Pont de Charité (›Brücke der Barmherzigkeit‹) trägt.

Die arme, verwahrloste Hochlandpfarrei verwandelte sich so in einem halben Jahrhundert unter Oberlins Führung in eine lebendige Gemeinde mit bescheidenem Wohlstand. Bei Oberlins Begräbnis reichte der Leichenzug vom Waldersbacher Pfarrhaus bis zur Kirche von Fouday, und auf seinem Grabkreuz steht der zugleich achtungsvolle und zärtliche Name, den ihm die Bevölkerung noch zu seinen Lebzeiten gegeben hat, ›Papa Oberlin‹.

Das bekannte Novellenfragment »Lenz« von Georg Büchner, das Oberlins Aufzeichnungen folgend über den Aufenthalt des gemütskranken Dichters der Sturm-und-Drang-Epoche, Jakob Michael Reinhold Lenz, im Pfarrhaus von Waldersbach berichtet, gibt auch eine gute Schilderung von Oberlins ruhigem, zielbewusstem Wirken und zugleich eine großartige Beschreibung der winterlich wilden Vogesenlandschaft, die Büchner selbst auf Wanderungen kennen gelernt hatte.

✗ est depuis

Elsässische Schnapsgegend

Im Val de Villé – von Albé über den Ungersberg nach Breitenbach
Das Val de Villé, Heimat der elsässischen *eaux de vie,* hat seinen
ländlichen Charakter bis heute bewahrt. Auf versteckten Pfaden
führt die Wanderung durch Wälder und über Obstwiesen.

DIE WANDERUNG IN KÜRZE

++
Anspruch

Charakter: Lange, mittelschwere Wanderung, mit einem tüchtigen Aufstieg von Albé (300 m) zum Ungersberg (901 m)

6.45 Std.
Gehzeit

Markierung: Blauer Punkt und rotes Kreuz bis Ungersberg; rotes Rechteck/GR 5 bis Col de l'Ungersberg; gelbes Andreaskreuz bis Col du Kreuzweg; gelbes Kreuz bis Breitenbach; rotes Andreaskreuz und blauer Punkt bis Albé

19 km
Länge

Wanderkarten: Club Vosgien No. 4/8; TOP25 3717 ET (Sélestat, Ribeauvillé)

Einkehrmöglichkeiten: Dorfgasthäuser in Albé und Breitenbach. Am Col du Kreuzweg die Ferme Auberge du Kreuzweg (Tel. 03 88 08 35 00). Im Zentrum von Villé die ausgezeichnete Konditorei Pfister. Da wir den Bauerngasthof erst nach viereinhalbstündiger Wanderung erreichen, sollten wir für unterwegs Proviant einpacken

Anfahrt: Von Villé auf der D 439 nach Albé. Parken an der Dorfstraße unterhalb der Kirche

La Maison du Val de Villé: In Albé ist dieses traditionelle Winzerhaus samt Einrichtung zu besichtigen; mit kleinem Museum

Albé ist bekannt für seine schönen alten Winzerhäuser. Im Erdgeschoss liegen Stall und Weinkeller nebeneinander, darüber befinden sich im ersten Stock die Wohnräume, und unter dem spitzen Fachwerkgiebel

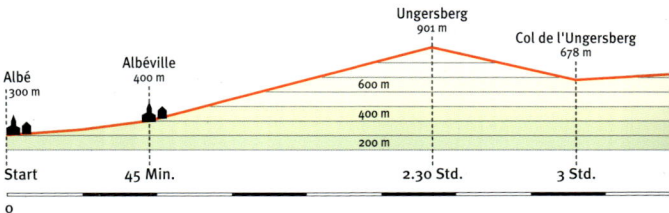

gibt es einen kleinen, von Holzbalken getragenen Balkon. Eine originelle Raumaufteilung, der man sonst im Elsass nicht begegnet.

Im Ortszentrum, unterhalb des Kirchplatzes, an dem auch das Heimatmuseum liegt, beginnt die Wanderung. Wir gehen die Hauptstraße hinauf, biegen nach kurzer Zeit rechts in die Rue de la Fontaine und folgen dem blauen Punkt des Club Vosgien (›Albéville, Ungersberg‹). Die Wanderung durchs **Sonnenbachtal** verläuft zunächst oberhalb der D 539 nach Albéville, führt uns dann ein Stück über die Fahrstraße und anschließend nach rechts durchs Gebüsch in die Höhe. Hier stoßen wir auf die von Villé heraufführende Route, die mit dem roten Kreuz gekennzeichnet ist, das nun bis zum Ungersberg die vorherrschende Markierung bleiben wird.

In **Albéville** (VVF, Feriendorf, 45 Min.) gehen wir die asphaltierte Hauptstraße hinauf, halten uns an der Weggabelung im Ort links und beginnen gleich darauf, am Ende des Ortes, den ziemlich langen Aufstieg durch den Wald zum Ungersberg. Unser Pfad mit dem roten Kreuz überquert zweimal einen asphaltierten Forstweg, das Sträßchen zum Forsthaus Ungersberg und den Chemin forestier de Niedersberg (hier müssen wir uns leicht rechts halten) und stößt nach weiteren 25 Min. auf den bekannten GR 5 (rotes Rechteck). Mit den drei Wegzeichen rotes Rechteck, rotes Kreuz und gelber Kreis (Circuit de l'Ungersberg) legen wir nun den letzten Abschnitt des Aufstiegs zum Gipfel des **Ungersberg** zurück (2.30 Std.). Bei guter Sicht reicht unser Blick vom Turm Edouard Hering (er gründete 1873 die Sektion Barr des Vogesenclubs) nach Süden bis zu den beiden Belchen, im Norden liegt unter uns das Kloster Ste-Odile mit Spesburg, Andlau und Landsberg.

Auf dem Weg, den wir hochgeklettert sind (rotes Rechteck: Col de l'Ungersberg; rotes Kreuz: Albéville) steigen wir wieder hinunter in den Wald, halten uns bei der Überquerung des Forstwegs unterhalb des Gipfels links, folgen dann aber, ca. 10 Min. später, dem roten Rechteck scharf nach rechts zum Col de l'Ungersberg. Das rote Kreuz würde uns nach Albéville zurückführen.

Am **Col de l'Ungersberg** (3 Std.) verlassen wir den GR 5 und wandern nun auf geschotterten Forstwegen mit dem gelben Andreaskreuz immer leicht aufwärts durch den Wald zum **Col de Bellevue** (3.45 Std.) und von dort geradeaus über die Lichtung weiter zum Col du Kreuzweg. Vom Waldrand gehen wir einige Schritte zur Fahrstraße und dann auf dieser ein kleines Stück nach rechts bis zur **Ferme Auberge du Kreuzweg** (4.30 Std.), die sehr schön in den Hoch-

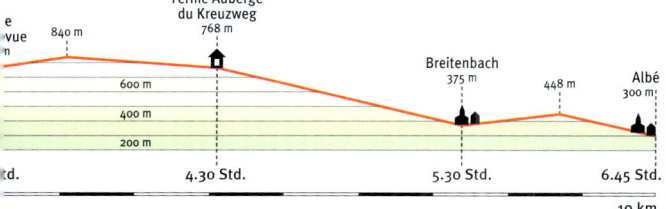

wiesen gelegen ist. Nach viereinhalb Stunden Fußmarsch haben wir eine Erfrischung verdient.

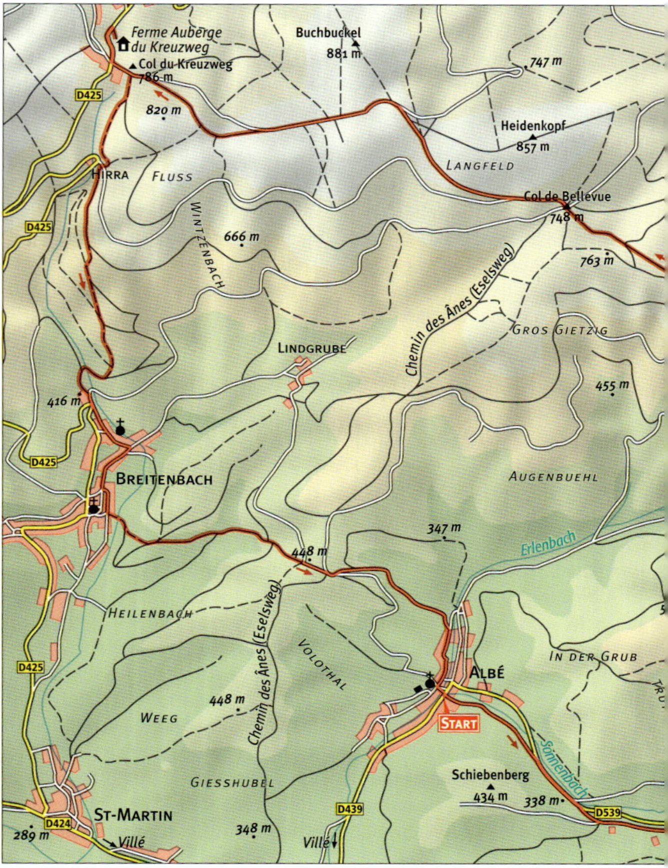

Wieder zurück am Col du Kreuzweg halten wir uns rechts und steigen auf dem mit einem gelben Kreuz markierten Pfad nach Breitenbach hinunter. Der Weg, der größtenteils in südliche Richtung geradeaus führt, ist an manchen Stellen sehr zugewachsen und das Gebüsch versteckt die Markierung. Wenn der Pfad ungefähr eine Stunde nach dem Kreuzweg kurz vor dem Dorf auf die Autostraße stößt, gehen wir links auf dem kleinen geschotterten Weg (Rue de la Grotte) hinunter nach **Breitenbach** (5.30 Std.). Wir folgen dem gelben Kreuz bis zum unteren Kirchplatz und finden hier unser nächstes Wegzeichen, das rote Andreaskreuz.

Es führt uns über die Rue de la Fontaine zu einer kleinen Brücke, ein Stück am Bach lang und gleich darauf nach links aus dem Dorf hinaus.

Westen erhebt sich deutlich der Ungersberg – und erreichen mit dem blauen Punkt die ersten Häuser von **Albé,** wo wir unser Auto unterhalb der Kirche geparkt haben (6.45 Std.).

Vom elsässischen Schnaps

Schnaps *(eau de vie)* wird im Elsass nicht nur entlang der Route des Vins gebrannt, sondern auch in Landstrichen ohne bedeutenden Weinbau, so im Val de Villé und im südlichen Sundgau.

Bis zum Zweiten Weltkrieg war dieser Alkohol, den die Bauern als Eigenbrenner selber herstellten, durchaus kein Luxus, sondern ein Teil des täglichen Lebens. Ein Gläschen Schnaps stärkte die Knechte, bevor sie frühmorgens aufs Feld zogen, half dann die Mahlzeiten mit dem fetten Speck zu verdauen und wurde bei allen möglichen Krankheiten als Heilmittel angewendet. Um die hohen Brennsteuern zu sparen, war die Schwarzbrennerei gang und gäbe, eine Art Volkssport.

Mit der Veränderung der bäuerlichen Welt seit 1945 ist auch die ›gute alte Zeit‹ in den Schnapsgegenden zu Ende gegangen – besonders, seitdem das Privileg des Freibrandes (20 l Schnaps im Jahr zu nicht kommerziellen Zwecken), das sich bis dahin in der Familie weitervererbte, mit dem Tod des letzten Besitzers erlischt (Gesetz vom 30. Juli 1960). Heute wird der elsässische Schnaps meist in kleineren Branntweinbrennereien hergestellt, die für den Besucher auch Besichtigungen mit Schnapsprobe organisieren und einen großen Teil ihrer Erzeugnisse direkt verkaufen. Im Val de Villé gibt es ungefähr ein Dutzend solcher *distilleries artisanales.*

Wir überqueren den Breitenbach und steigen dann, dem roten Andreaskreuz folgend, durch einen Hohlweg in die Wiesen hinauf. In der Nähe des Dorfes haben wir ausgedehnte Himbeerpflanzungen bemerkt; auf der Anhöhe erfreuen uns viele schöne alte Kirschbäume. Ungefähr 20 Min. nach Breitenbach passiert der Weg, der jetzt wieder durch den Wald führt, kurz hintereinander zwei Kreuzungen. Wir halten uns immer geradeaus – vor uns im

Ein alter jüdischer Dorffriedhof

Von Rosheim nach Rosenwiller

Die Wanderung über die Vorhügel verbindet den Besuch eines der ältesten jüdischen Dorffriedhöfe des Elsass mit einem Gang durch Rosheim. Das staufische Städtchen ist bekannt für seine romanische Kirche und die mittelalterliche Stadtbefestigung.

DIE WANDERUNG IN KÜRZE

+
Anspruch

2.45 Std.
Gehzeit

10 km
Länge

Charakter: Halbtagswanderung über Feld- und Wirtschaftswege, teilweise asphaltiert; leichter Anstieg von Rosheim (200 m) nach Rosenwiller (300 m)

Markierung: Der gesamte Weg ist mit dem gelben Ring markiert, eine kurze Strecke hinter dem Jüdischen Friedhof mit dem gelben Dreieck

Wanderkarten: Club Vosgien No. 4/8; TOP25 3716 ET (Mont Ste-Odile)

Einkehrmöglichkeiten: Gasthäuser in Rosheim

Anfahrt: Rosheim liegt an der Weinstraße zwischen Molsheim und Obernai. Parken am Rathausplatz oder an der Hauptstraße. Bahnstation

Wanderklima: Wie alle Weinbergwanderungen besonders für das Frühjahr und den Herbst geeignet; im Sommersonnenschein leicht zu heiß

Auf einer großen Tafel am Rathaus in **Rosheim** sehen wir übersichtlich den Plan des alten Ortes, der 778 zur Karolingerzeit zum ersten Mal erwähnt wird. Um die Mitte des 12. Jh. kam er an die Staufer und zählte später als freie Reichsstadt zu den Gründungsmitgliedern des Zehnstädtebundes (1354). An der langen, fast schnurgeraden Hauptstraße, heute Rue du Général de Gaulle, erheben sich hintereinander gleich drei Tore, die einst zur mittelalterlichen Stadtbefestigung gehörten. Zwischen der Porte du Conseil (Rats- oder Zittglöckelturm) und der Porte de l'Ecole (Schulturm) mit dem Fachwerkgiebel liegt die ältere Mittelstadt, während die Porte-Basse (Niedertor) und die am Ausgang nach Rosenwil-

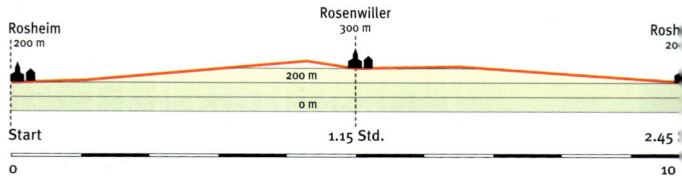

Rosheim
200 m

Rosenwiller
300 m

Rosh
20

200 m

0 m

Start

1.15 Std.

2.45

0

10

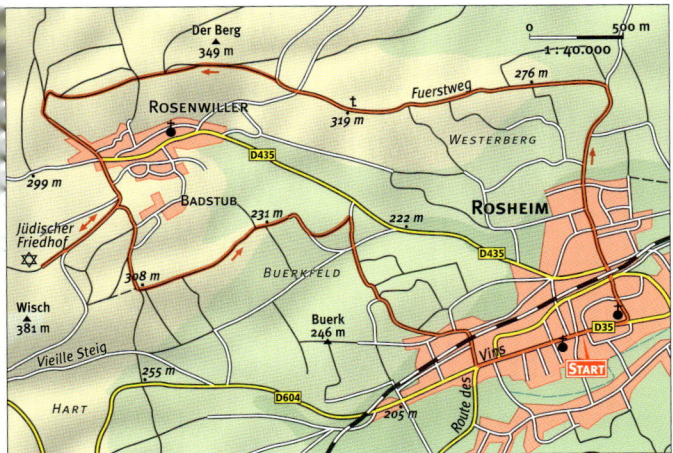

ler gelegene Porte du Lion (Löwentor) den Zugang zu dem wahrscheinlich im 14. Jh. entstandenen äußeren Mauerring schützten.

Nach dem Studium des Plans bummeln wir dann vom klassizistischen Rathaus (1759–1761) mit dem dreisäuligen Renaissancebrunnen die Hauptstraße hinunter durch die Mittelstadt, vorbei an der berühmten romanischen Kirche **St-Pierre-et-St-Paul**, bis zur Porte de l'Ecole. Hier, gleich nach der Tordurchfahrt, stehen wir am eigentlichen Ausgangspunkt unserer Wanderung: Circuit des Vignobles, Fürstweg. Wir folgen dem gelben Ring die Rue du Lion hinauf, gehen weiter durch die Rue Braun, kommen an der schon erwähnten Porte du Lion vorbei, überqueren die Eisenbahnschienen, dann die Fahrstraße nach Rosenwiller und gelangen, immer geradeaus, durch ein Neubauviertel allmählich an den Rand des Städtchens (15 Min.).

Jetzt führt die asphaltierte Straße ziemlich steil hinauf in die Weinberge, bis zu einer Weggabelung, an

der wir links gehen müssen (das Schild des Club Vosgien steht hier an keiner sehr glücklichen Stelle). Wir erreichen allmählich die mit Reben und Kirschbäumen besetzte Höhe, die eine hübsche Aussicht bietet: auf der einen Seite die Tore von Rosheim mit der dahinter liegenden Rheinebene, auf der anderen Seite das untere Bruchetal mit der Stadt Mutzig. Nach einer Weile erscheint vor uns in der Talsenke das Dörfchen Rosenwiller, unser nächstes Ziel.

An einem großen Steinkreuz halten wir uns weiter geradeaus und kümmern uns auch im Folgenden nicht um die unbezeichneten Wege, die nach rechts zum Kamm hin abzweigen. An die Stelle der Weinberge treten bald Trockenrasen und niedriges Gebüsch, Haselsträucher, Schlehen, Hagebutten, kleine Kiefern, die typische Flora der kalkreichen Vorberge, und ein Schild des ›Conservatoire des Sites Alsaciens‹ macht uns darauf aufmerksam, dass wir uns in einem Naturschutzgebiet befinden. Mit etwas Glück finden wir im Frühling unzählige Veilchen und die violettfarbenen Blüten der seltenen Küchenschelle. Ungefähr 25 Min. nach dem großen Steinkreuz, bald nachdem sich unser Weg zu senken beginnt, stoßen wir schließlich auf einen anderen, breiteren Feldweg, der von Mutzig herabführt und der uns nach links in kurzer Zeit zum Ortsrand von **Rosenwiller** bringt (1.15 Std.).

Im Dorf überqueren wir die Hauptstraße, folgen dem gelben Ring noch ein Stückchen geradeaus den Berg hoch und biegen dann vom Rundweg nach rechts ab zum **Jüdischen Friedhof.** Mit dem Schild ›Cimetière israélite‹ können wir an der langen hohen Mauer nicht falsch gehen.

Nach diesem Abstecher, für den wir ungefähr eine Viertelstunde Gehzeit brauchen (1.45 Std.), geht es weiter auf dem Rundweg, und zwar zunächst ca. 10 Min. lang in Richtung ›Obernai, Bœrsch‹ (gelbes Dreieck). Wir steigen die Rue du Wisch hinauf, gehen ein Stückchen am Waldrand entlang und dürfen dann die Abzweigung auf der linken Seite nicht verpassen (2 Std.). Mit dem bereits vertrauten gelben Ring wandern wir anschließend durch Weinberge und Obstwiesen in leichter Zickzacklinie zurück nach **Rosheim.** Wenn wir die ersten Häuser erreicht haben, folgen wir dem Schild ›Rosheim direct‹ über die Eisenbahnschienen und stoßen am Ortsausgang nach Bœrsch wieder auf die Hauptstraße (2.30 Std.). An der Rue du Général de Gaulle, die durch die Oberstadt zum Rathausturm zurückführt, liegen noch zwei weitere Rosheimer Sehenswürdigkeiten: das **Romanische Haus** oder ›Heidenhaus‹ *(maison des païens),* wahrscheinlich ein befestigter staufischer Adelssitz, der als einer der ältesten elsässischen Steinhäuser gilt (um 1200), und die Kirche **St-**

Etienne, ein gewaltiger klassizistischer Saalbau vom Ende des 18. Jh. mit spätromanischem Chorturm (2.45 Std.).

Der jüdische Friedhof

Zusammen mit Ettendorf bei Hochfelden (Bas-Rhin) und Jungholtz bei Soultz (Haut-Rhin) gehört der Jüdische Friedhof von Rosenwiller zu den größten und ältesten des Elsass. Am Rand dieses Dorfes, in dem außer der Familie des Friedhofswärters keine Juden gewohnt haben, begruben ungefähr 20 israelitische Gemeinden um Rosheim, Mutzig und Obernai ihre Toten. Heute zählt man ungefähr 6500 Gräber.

Wahrscheinlich hat man den Juden diesen Friedhof bald nach dem großen Judenpogrom von 1349 zugebilligt: 1366 ermächtigte Kaiser Karl IV. seine Bürger von Rosheim zur Erhebung eines Zolls von jedem jüdischen Leichnam, den man zum Begräbnis durch die städtische Bannmeile tragen musste. Erst sehr viel später, im 18. Jh., wurde der Friedhof mit einer Mauer umgeben und zweimal erweitert; während der Französischen Revolution wurde er zerstört und im 19. Jh. wieder neu angelegt. Nach dem Aussterben des elsässischen Dorfjudentums wurde er dann in unserer Zeit wie viele seiner Art zur historischen Stätte. Seit 1973 steht der ältere Teil des Friedhofs, rechts vom neuen Eingangstor, unter Denkmalschutz.

Die ältesten Grabsteine, gleich neben dem wüsten Acker, reichen zurück ins 18. Jh., die große Mehrzahl stammt jedoch aus der Zeit nach der Revolution. Neben Motiven wie Sonne, Blumen, Trauerweiden und Weinstöcken, die eher zur elsäs-

Marktbrunnen vor dem Rosheimer Rathaus

sischen Volkskunst gehören, finden sich auch rein jüdische Symbole. Die Kanne weist auf den Krug des Leviten hin, die vereinten Hände mit den gespreizten Fingern auf den Segen des Priesters, und die Sabbatlampe bezeichnet das Grab einer frommen Frau, die ihr Leben lang über die Reinheit der Familie gewacht hat.

Vergeblich sucht man in Rosenwiller heute allerdings die verträumte Anmut der alten jüdischen Dorffriedhöfe, die von Gras, wilden Blumen und Hecken überwachsen waren. Chemische Unkrautvertilgungsmittel haben dem ›Wildwuchs‹ ein Ende gemacht und auch den Steinen nicht besonders gut getan – ihnen fehlt nun das Wurzelwerk, das sie hält und zugleich das überschüssige Regenwasser aufsaugt.

Gedenken wir an dieser Stätte auch noch kurz eines der bedeutendsten elsässischen Juden, dessen Grab heute nicht mehr auffindbar ist, der aber mit großer Wahrscheinlichkeit in Rosenwiller beigesetzt wurde. Joseph ben Ger-shon, genannt Josel oder Joselmann (ca. 1478–1554), lebte als Geldverleiher in Rosheim. Auf vielen Reisen an den kaiserlichen Hof kämpfte er als ›Oberster über alle Juden deutscher Nation‹ unermüdlich für die Rechte seines Volkes, das damals vor allem durch Ausweisungen und Ritualmordaffären bedrängt wurde. 1530 verwahrte er sich in einer öffentlichen Disputation vor dem Reichstag gegen den Vorwurf, die Juden hätten die Reformation ausgelöst, 1543 verhinderte er mit einer Denkschrift, dass ein Pamphlet Luthers gegen die Juden in Straßburg gedruckt wurde, ein Jahr darauf erwirkte er von Karl V., mit dem er wiederholt verhandelt hat, einen Schutzbrief für seine Glaubensbrüder. Er starb 1554, vielleicht auf einem Ritt nach Heidelberg, wo er sich für die Dangolsheimer Juden einsetzen wollte. Seine wichtigsten Forderungen – Zulassung zu den christlichen Berufen, Erlaubnis zum Erwerb von Grund und Boden – wurden jedoch erst im Zeitalter der Aufklärung erfüllt.

2 Tage je … nie nach / klein —

Der Heilige Berg des Elsass

Entlang der Heidenmauer auf dem Mont Ste-Odile

Der Mont Ste-Odile ist berühmt für die Heidenmauer und das Kloster der hl. Odilie. Der Club Vosgien unterhält hier das dichteste Netz von Wanderwegen in den Vogesen, und wenn sich in der Saison vor dem Kloster die Besucher drängen, bleibt es im Wald schön kühl.

DIE WANDERUNG IN KÜRZE

++
Anspruch

3.45 Std.
Gehzeit

9 km
Länge

Charakter: Mittelschwere Wanderung durch den Wald; der Weg steigt vom Hagelschloss (607 m) über das Kloster (765 m) zum Maennelstein (817 m)

Markierung: Mit Ausnahme des Abstechers zu den Tumuli und zum Hagelschloss durchgehend das gelbe Andreaskreuz

Wanderkarten: TOP25 3716 ET (Mont Ste-Odile); *Carte touristique* mit dem Repertoire der wichtigsten Sehenswürdigkeiten, herausgegeben von den *Amis du Mont Ste-Odile* (Freunde des Odilienberges), erhältlich im Verkaufsraum des Klosters

Einkehrmöglichkeiten: Im Kloster stehen ein Hotel-Restaurant, ein Imbissraum (*salle des pèlerins,* Verzehr mitgebrachter Speisen gestattet) und ein Café zur Auswahl

Anfahrt: Von Obernai über Ottrott und Klingenthal (D 426); von Barr durch das Kirnecktal (D 854).

Parken am unteren Parkplatz (P 2/P 3) oder vor dem Klostergebäude. Vom unteren Parkplatz geht man auf einem Waldpfad am Hang über der Fahrstraße in knapp 10 Min. bequem zum Kloster hinauf (Hospice Ste-Odile, *raccourci pour piétons,* Markierung gelber Kreis). Busse der CTS fahren von Straßburg, Place des Halles, zum Mont Ste-Odile (Tel. 03 88 77 70 70). Nächste Bahnstation Barr (am GR 5)

Tipp: Der Rundweg entlang der Heidenmauer ist in eine nördliche und eine südliche Route aufgeteilt, die man auch einzeln begehen kann

Feste: Zwischen dem 1. und 2. So im Juli wird die Übertragung der Reliquien der hl. Odilie gefeiert, und am 14. Dezember ist St.-Odilien-Tag. Besondere Wallfahrtstage sind auch Ostermontag, Pfingstmontag, Fronleichnam und die Marienfeste (2. Juli, 25. August, 8. September)

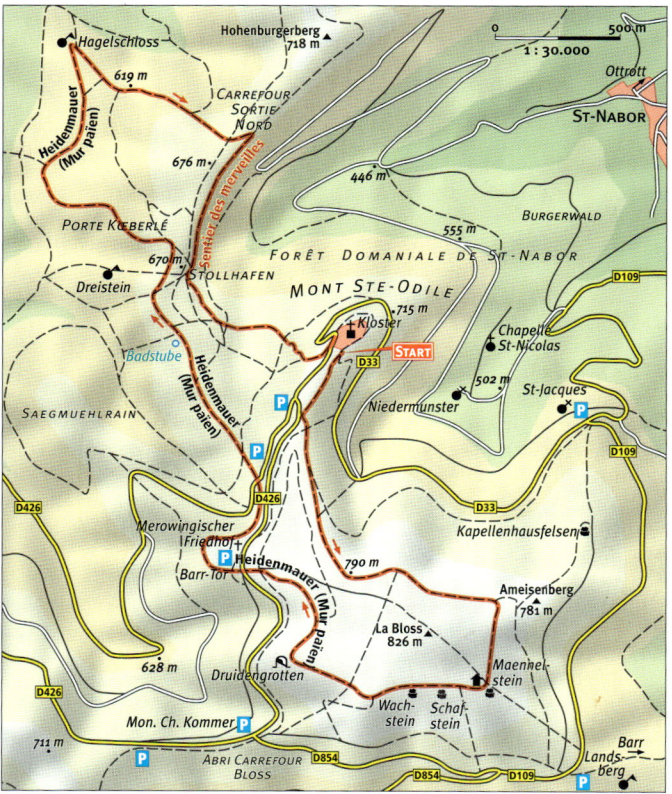

Ausgangspunkt für die Rundwanderung ist der Platz vor dem **Kloster Ste-Odile.** Zwei große Tafeln zur Rechten und Linken des Tores geben uns eine Übersicht über den Süd- und den Nordteil der Heidenmauer. Bei den zahlreichen Wegzeichen müssen wir die Markierung unseres Rundwegs, das gelbe Andreaskreuz, gut im Auge behalten. Eine wichtige zusätzliche Orientierungshilfe geben auch die Reste der Mauer.

Wir beginnen mit dem Circuit Sud, der südlichen Route, steigen eine Treppe herab und folgen dann nach rechts dem breiten Weg. An den senkrecht aufsteigenden Felsen sind 14 Kreuzwegstationen des Keramikers Léon Elchinger angebracht, die in dem bekannten elsässischen Töpferort Soufflenheim gebrannt wurden.

Unser Weg mit dem gelben Andreaskreuz (auf die Markierung achten!) führt uns bald am Beckenfelsen vorbei, dessen oberster Block ein ausgehöhltes Becken bildet. Am **Panoramafelsen** (15 Min.) mit der Reliefplatte von Curt Mündel, dem Verfasser des bekannten Vogesenführers, steigen wir durch den Wald hinauf und befinden uns jetzt innerhalb der Heidenmauer. Ein Schild weist auf die Einkerbungen in den Bruchsteinen für die so genannten Schwalbenschwänze hin, die typische Art des Mauerverbandes. Interessant ist auch die Struktur der Bruchsteine. Verschieden große Kiesel, weißer Quarz, rosa Quarzit oder Schiefer sind in den Buntsandstein eingelagert und mit ihm verbacken – von den Geologen Hauptkonglomerat oder anschaulicher *poudingue de Sainte-Odile* (›Odilien-Pudding‹) genannt.

Am **Maennelstein,** einem gewaltigen Felsvorsprung, haben wir den südlichsten und höchsten Punkt der Heidenmauer erreicht (45 Min.). Unter uns liegen die Ruinen der Burg Landsberg, der Turm der Abtei von Truttenhausen, und dahinter dehnt sich die weite Rheinebene aus. Bei klarem Föhnwetter im Herbst reicht der Blick bis zu den Gipfeln der Berner Alpen. Die Sage erzählt, dass in fernen Zeiten, als noch ein riesiger See das Tal zwischen Schwarzwald und Vogesen ausfüllte, die Schiffe am Maennelstein anlegten. An gewaltigen Eisenringen – die freilich nie jemand gesehen hat – sollen sie unterhalb des Felsens befestigt worden sein.

Vom Maennelstein führt der Rundweg in 5 Min. zum **Schaf-** oder **Schaftstein,** dem ein zweiter, 10 m hoher Megalith, der **Wach-** oder **Wachtstein,** vorgelagert ist. Gleich darauf bemerken wir rechts über uns

eine eingezäunte Lichtung. Hier starben am Abend des 20. Januar 1992 bei einem Flugzeugunglück 87 Menschen. Vier Stunden brauchten die Rettungsmannschaften, bis sie in Nebel und Schnee den verunglückten Airbus fanden.

Weiter geht es zu den so genannten **Druidengrotten** (1 Std.), zwei Felsenhöhlen, von denen die größere aus zwei senkrechten Blöcken besteht, die von einer mächtigen Steinplatte abgedeckt werden – druidische Opferstätte, keltische Dolmen, vorgeschichtlicher Friedhof oder Naturphänomen?

Nach den Grotten kümmern wir uns nicht um die beiden Abzweigungen zur Rechten (›Ste-Odile direct‹), obgleich auch sie mit dem gelben Andreaskreuz markiert sind, sondern folgen der hier gut erhaltenen Mauer ziemlich steil den Berg hinab. Am *Parking des Tumuli* überqueren wir die Autostraße und stehen gleich darauf vor den Fundamenten eines befestigten Tores, das 1968 entdeckt wurde (1.15 Std.). Dieses **Barr-** oder **Zumstein-Tor,** so benannt nach dem Leiter der Ausgrabung, stammt wahrscheinlich aus dem 3. oder 4. Jh. n. Chr. und lag an der Straße, die von Barr auf den Odilienberg führte (Chemin des Gaulois). Es handelt sich um ein Kammertor, d. h. ein Tor mit einem teilweise bedeckten Gang zwischen zwei mehr oder weniger langen Mauern, wie man es an der Heidenmauer häufiger findet.

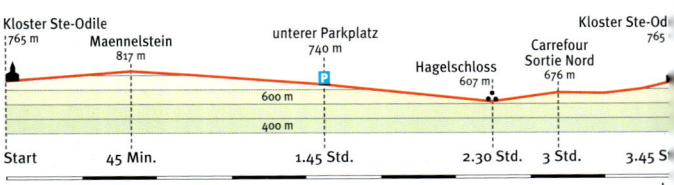

Kloster Ste-Odile 765 m	Maennelstein 817 m	unterer Parkplatz 740 m		Hagelschloss 607 m	Carrefour Sortie Nord 676 m	Kloster Ste-Od 765
		600 m				
		400 m				
Start	45 Min.	1.45 Std.		2.30 Std.	3 Std.	3.45 St

0   9 k

Ganz in der Nähe des Tores lag auch ein **merowingischer Friedhof,** der aus etwa zehn Grabhügeln oder Tumuli bestand. Zwei freigelegte Gräber – eines neben der Straße, das andere dahinter im Wald – kann man auf einem kleinen Abstecher besichtigen (Markierung blauer Punkt).

Wieder zurück am Zumstein-Tor gelangen wir auf dem Rundweg, der jetzt bald oberhalb der Fahrstraße verläuft, in einer Viertelstunde bequem zum **unteren Parkplatz,** an dem die Circuit Sud endet (1.45 Std.). Der Circuit Nord beginnt am Rand des unteren Parkplatzes (P 3), neben der großen Orientierungstafel. Wir steigen das Treppchen hinunter und finden die Mauer teilweise sehr gut erhalten. Ein großer Felsvorsprung, der **Nikolausfelsen,** ist so geschickt in die Mauer einbezogen, dass man ihn kaum bemerkt. Ein Stückchen weiter liegt ein zur Badstubquelle führendes schmales Ausfallstor (2 Std., nicht eigens markiert). Bald nachdem der Pfad vom Dreistein zum Stollhafen unseren Rundweg gekreuzt hat (an dieser Stelle befand sich die nördliche Quermauer), gelangen wir zur **Porte Kœberle** (2.15 Std.), die wahrscheinlich einen Zugang zu den nahe gelegenen Quellen des Herztals bot.

Am **Hagelschloss** haben wir den nördlichsten Punkt der Heidenmauer erreicht (2.30 Std.). Die Burg, ursprünglich Waldsberg genannt, wurde wahrscheinlich im 13. Jh. erbaut und 1406 von den Straßburgern zerstört, nachdem einer ihrer Besitzer, ein Raubritter namens Walter Erb, zwei Bürger der Stadt gefangen genommen hatte. Der recht wilde Ort, der schon außerhalb des Rundwegs liegt, ist ausnahmsweise nicht auf einem bequemen markierten Pfad zu erreichen und zur Besichtigung angelegt. Wir wenden uns nach links, Richtung Vorbruck (rotes Kreuz), gehen gleich am oberen Ende des Hohlwegs auf einem schmalen Pfad geradeaus in den Wald und steigen durch die Schlucht zur Ruine empor. Unser Weg führt uns dann nach links um den Burgberg herum. Besonders eindrucksvoll erscheint über uns der große gemauerte Bogen, der eine tiefe Felsspalte überspannt. Ungefähr eine Viertelstunde müssen wir für den Abstecher rechnen (2.45 Std.).

Wieder zurück am Rundweg folgen wir dem gelben Andreaskreuz (›Ste-Odile, Sentier des merveilles‹) nach rechts. In diesem Abschnitt ist die Mauer verschwunden. Der Pfad führt durch Heidelbeergebüsch leicht aufwärts, und wir müssen uns links halten bis zum **Carrefour Sortie Nord,** an dem wir noch die Schwelle des Stollberg- oder Elsbergtores sehen können (3 Std.). Wir überqueren den breiten Forstweg, steigen – mit herrlichem Blick auf das Kloster – ein Stück durch den Wald hinunter und erreichen gleich darauf, an einer neuen Kreuzung, den Wunderpfad (›Sentier des merveilles‹), der vom Elsberg heraufführt.

Wir gehen rechts und befinden uns jetzt außerhalb der Heidenmauer, die hier sehr eindrucksvoll Felswände miteinbezieht. Viele Pflastersteine des Weges, mit den charakteristischen Einkerbungen, stammen wohl aus der Mauer. Unser Rundweg, der jetzt eine Strecke mit dem Wunderpfad (blaues Andreaskreuz) zusammenfällt, führt weiter zur **Etichogrotte** (3.15 Std.) und zum **Stollhafenfelsen.** An dieser wichtigen Wegkreuzung befand sich das Stollhafentor, das die alte Römerstraße von Ottrott zum nördlichen

Mauersektor kontrollierte. Am **Oberkirchfelsen** (3.30 Std.) nehmen wir den Pfad ›Ste-Odile, le long du mur païen, sentier pittoresque‹. Wir kreuzen bald einen zum Hauptfelsen hinaufführenden südlichen Zweig der Ottrotter Römerstraße, einst ebenfalls durch ein bedeutendes Tor geschützt, gehen noch ein letztes Stückchen an der Mauer entlang und steigen dort, wo die große Wiese zu unserer Rechten aufhört, in steilen Wegschleifen durch den Wald zum **Kloster Ste-Odile** hinauf (3.45 Std.).

Von der keltischen Heidenmauer zum Kloster der hl. Odilie

Geschichtsträchtig und geheimnisumwoben wie kein zweiter Ort im Elsass ist der Mont Ste-Odile, der Berg der hl. Odilie. Noch in frühgeschichtliche Zeit fällt die Anlage der Heidenmauer *(mur païen)*, die sich über mehr als 10 km um das ganze Gelände des Gipfelplateaus zieht. Der Mauerring aus Sandsteinblöcken, die nur mit hölzernen Keilen, den ›Schwalbenschwänzen‹, verbunden waren, teilt das Gelände in drei Abschnitte, die durch zwei Quermauern getrennt sind. In der Mitte erhebt sich auf einer Felsplatte die Klosteranlage. Der südliche Abschnitt wird begrenzt durch den Maennelstein, der nördliche durch die Ruinen des Hagelschlosses.

Über die Funktion der Mauer und ihre Erbauer haben sich Gelehrte und Archäologen seit Generationen die Köpfe zerbrochen. Nach der jüngsten Darstellung im Straßburger Archäologischen Museum neigt man heute dazu, die Heidenmauer in das Ende der Gallierzeit zu datieren. Dann würde es sich um ein ausge-

dehntes Oppidum der späten La-Tène-Zeit handeln (Ende 2. Jh./ Anfang 1. Jh. v. Chr.), zugleich Fluchtburg und Verwaltungsmittelpunkt eines größeren Territoriums, dessen Mauern am Ende der Römerzeit, kurz vor dem Alemanneneinfall von 352, mit bedeutenden Mitteln noch einmal in Stand gesetzt wurden. Alle Tore stammen aus dieser späten römischen Epoche.

Ein Rest von Geheimnis bleibt, trotz der zahlreichen Forschungen. Wie etwa sah die Aufteilung des riesigen Innenraumes (119 ha) aus, der sicherlich nicht im Ganzen besiedelt war? Wie lange dauerte die Benutzung der Anlage durch die Kelten? Wie erklärt sich die im Mittelmeerraum gebräuchliche Bauweise der Mauer mit der Befestigung der Felsblöcke durch die Schwalbenschwanzzapfen? Die Bauern der umliegenden Dörfer fügten ihren Häusern früher übrigens gern einen Stein der Heidenmauer bei – er sollte das Gebäude vor Blitzstrahl schützen und ihm eine ganz besondere Festigkeit verleihen.

Den Namen erhielt der Berg jedoch nicht von der geheimnisvollen Heidenmauer, sondern von der hl. Odilie, der Tochter des elsässischen Herzogs Eticho, der in der zweiten Hälfte des 7. Jh. im Lande herrschte. Nach der Legende war Odilie blind geboren und von ihrem Vater verstoßen worden. Als sie durch die Taufe das Augenlicht erlangt, gründet Eticho, nach mannigfaltigen Wechselfällen, ein Frauenkloster für sie auf seiner Festung Hohenburg, die sich im Zentrum des ehemaligen Oppidums auf den Fundamenten der alten Heidenmauer erhebt.

Blick auf den Odilienberg

Zeugen der Stauferzeit

Von Barr über Truttenhausen zur Burg Landsberg

Im 12. und 13. Jh. entstanden rund um den Mont Ste-Odile zahlreiche Burgen. Der Weg führt vom Weinstädtchen Barr hinauf zum ehemaligen Kloster Truttenhausen und weiter auf die Burg Landsberg, eine der großartigsten Stauferburgen am Oberrhein.

DIE WANDERUNG IN KÜRZE

++
Anspruch

2.45 Std.
Gehzeit

9 km
Länge

Charakter: Mittelschwere Wanderung; nach einem kurzen steilen Anstieg durch die Weinberge wandern wir von Barr (210 m) zur Burg Landsberg (600 m) größtenteils durch schattigen Wald

Markierung: Rotes Rechteck/GR 5 und gelber Punkt bis Truttenhausen; blauer Punkt und rotes Rechteck bis Landsberg; rotes Dreieck bis Rocher Herrade; blaues Dreieck und rotes Rechteck bis Barr

Wanderkarten: Club Vosgien No. 4/8; TOP25 3716 ET (Mont Ste-Odile) oder TOP25 3717 ET (Sélestat, Ribeauvillé)

Einkehrmöglichkeiten: In Barr Hotels und Restaurants, u. a. das Gasthaus Au Brochet (Zum Hecht).

Grand-Cru-Lage: Kirchberg de Barr

Anfahrt: Barr liegt an der Weinstraße, südlich von Obernai. Parken in der Nähe des Rathausplatzes. Bahnstation

Musée de la Folie Marco: Im 18. Jh. erbaute sich Louis-Felix Marco, Rat des Conseil Souverain, am Kirchberg ein herrschaftliches Landhaus, heute als Musée de la Folie Marco mit der originalen Louis-Quinze-Einrichtung zu besichtigen

Foire aux vins: am 14. Juli, Weinverkauf direkt vom Erzeuger

Weinlesefest: am 1. So im Oktober, mit Wein aus dem Marktbrunnen

Das Städtchen **Barr** am Ausgang des Kirnecktals, 788 als Siedlung erstmals erwähnt und im 15. Jh. befestigt, hat trotz der Niederbrennung durch die Franzosen im Jahr 1678 sein altes Straßenbild weitgehend erhalten. Besonders hübsch ist der Platz vor dem Renaissancerathaus.

Wir nehmen das Gässchen auf der rechten Seite dieses Platzes und gelangen über eine Treppe zur evangelischen Pfarrkirche **St-Martin,** deren romanischer Chorturm mit Lisenen und Rundbogenfries von einem spätgotischen Stockwerk gekrönt wird. Gleich an der Treppenmauer

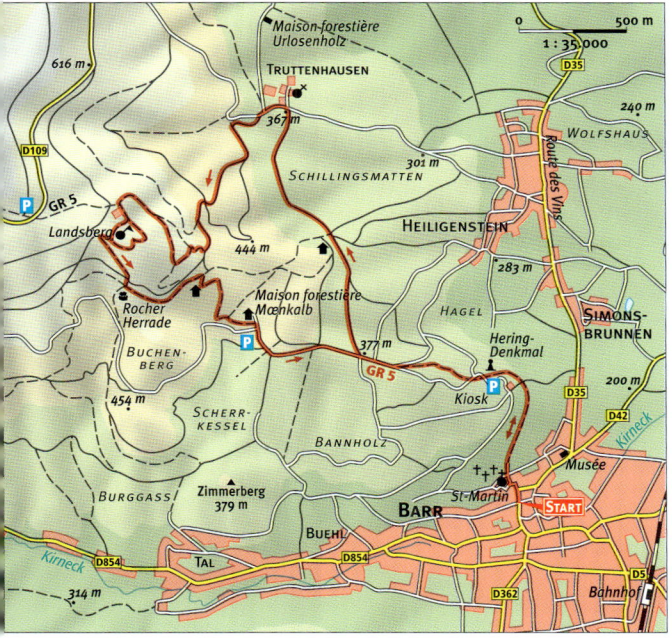

finden wir hier die Schilder des Club Vosgien. Der GR 5 (rotes Rechteck, ›Mœnkalb, Landsberg, Ste-Odile‹) führt uns zunächst zwischen Friedhof und Weinreben steil den Kirchberg hinauf. Bei warmem Wetter kann der Anstieg in der prallen Sonne etwas beschwerlich werden, bietet jedoch eine schöne Aussicht auf Barr und die Rheinebene. Nach 15 Min. erreichen wir das **Hering-Denkmal** und gehen über die Wiese hinauf zum **Kiosk Muller-Apfel,** der am Waldrand liegt (Edouard Hering, 1814–93, gründete die Sektion Barr des Vogesenclubs, Emile Muller-Apfel war lange Zeit ihr Vorsitzender).

Oberhalb des Pavillons verläuft die kleine Straße zum Forsthaus Mœnkalb, die unser Pfad mit dem roten Rechteck zunächst mehrmals kreuzt und in die er nach einer Wei-

le mündet (30 Min.). Zur Linken erblicken wir durch die Bäume die charakteristische Silhouette der Burg Andlau, zur Rechten zweigt, nach ungefähr 5 Min. Gehzeit, der Weg nach Truttenhausen ab (gelber Punkt). Der schmale Pfad führt zunächst durch Kastaniengehölz und dann sehr hübsch an einer Wiese mit alten Obstbäumen entlang bis nach **Truttenhausen** (1 Std.). Die spätgotischen Ruinen des Klosters – 1181 von Herrad von Landsberg gegründet und mehrfach zerstört – sind zusammen mit dem Herrenhaus in einem großen, für seine Zedern berühmten Park nicht zu besichtigen.

Unser Wanderweg, an dieser Stelle nicht besonders bezeichnet, führt am **Herrenhaus** vorbei hinauf zum Waldrand, wo wir an einer Eiche unsere neue Markierung finden, den

91

Weinstädtchen Barr

blauen Punkt. Diesem Wegzeichen folgen wir nun nach links, zunächst auf einem breiten bequemen Forstweg, später auf ziemlich steilen Pfaden – auf die Markierung an den Bäumen muss man aufpassen. Nach ungefähr 25 Min. stoßen wir wieder auf den GR 5, gehen nach rechts bis zum ehemaligen Forsthaus und folgen da dem Wegweiser zur **Burg Landsberg** (1.30 Std.). Burg Landsberg, die ›Nase des Elsass‹, wie sie im Volksmund heißt, erhebt sich weit sichtbar am südöstlichen Hang des Mont Ste-Odile. Sie wurde wahrscheinlich Ende des 12. Jh. erbaut und dann in der ersten Hälfte des 13. Jh. erweitert.

Ob die Anlage verfiel oder im Dreißigjährigen Krieg von den Schweden zerstört wurde, bleibt unklar. Teile der Burg sollen jedoch bis ins 18. Jh. als Wirtschaftsgebäude gedient haben. Der Eingang zur Burg liegt heute auf der Seite des Forsthauses, ist aber vermutlich nicht der ursprüngliche. Über die Vorwerke gelangen wir zum ältesten Teil der Anlage (um 1200), der sich zu unserer Linken erhebt. Die ›alte‹ Burg besteht aus einem über Eck gestellten quadratischen Bergfried und einem mächtigen Palas mit schönem Kapellenerker. Im Nordwesten, rechts vom heutigen Eingang, liegt die ›neue‹ Burg aus dem 13. Jh. Eine starke

rechteckige Umfassungsmauer, die an den Schmalseiten von zwei runden Ecktürmen flankiert wird, umschließt zwei getrennte, aneinander grenzende Wohnbauten.

Im 15. Jh., im Zeitalter der aufkommenden Artillerie, vereinigten die Pfalzgrafen, die damaligen Besitzer, beide Burgen durch ein mächtiges Bollwerk, das sich im Osten und Sü-

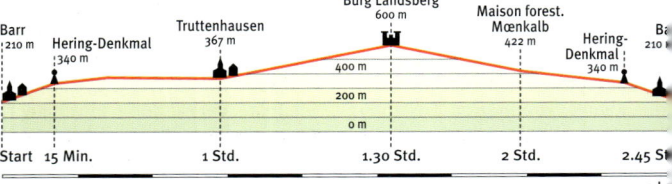

den vor die alte Burg legte. Die Ostseite zeigt eine Kanonenscharte mit
dicken Kragsteinen für Klappläden,
die Südseite weist eine ganze Reihe
von Schlüsselscharten auf. Übrigens
eine botanische Rarität: Im Februar
und März blühen auf der Burgwiese
von Landsberg die gelben Winter-
linge, auf elsässisch *Schlossbliemel,*
die man in unseren Breiten sonst nur
in Gärten kultiviert.

An der Südseite der Burg, gegenüber dem heutigen Eingang, steigen
wir mit dem roten Dreieck und dem
blauen Ring in den Wald hinunter,
biegen bald darauf scharf nach links
(auf die Markierung achten!) und
erreichen, durch einen schönen
Buchenwald in ca. 10 Min. den **Rocher Herrade,** einen der zahlreich

umherliegenden Granitbrocken (1.45
Std.). Die von einem Schild angekün-
digte Aussicht ist zurzeit allerdings
durch Bäume zugewachsen.

Weiter geht es auf dem fast ebenen Sentier des Chameaux (blaues
Dreieck) in Richtung Mœnkalb, bis
wir auf das schon bekannte rote
Rechteck des GR 5 stoßen. Diesem
folgen wir nun nach rechts zum Aus-
sichtspavillon mit dem Hartmann-
brunnen (Richard Hartmann, 1809–
78, in Barr geboren und daselbst
Zeugschmiedegeselle, Begründer
der sächsischen Maschinenindustrie
in Chemnitz) und von dort über das
Forsthaus Mœnkalb (2 Std.) und den
Kiosk Muller-Apffel hinunter zum
Rathausplatz von **Barr** (2.45 Std.).

25. 10

Tour 19

An der elsässischen Weinstraße

Der Weinlehrpfad über Dambach-la-Ville und Burg Bernstein

Dambach-la-Ville ist die größte Winzergemeinde des Unterelsass bekannt für schöne Fachwerkhäuser und für die Wallfahrtskapelle St-Sébastien. In den Wäldern des Hinterlandes erhebt sich die gewaltige Anlage der spätromanischen Burg Bernstein.

DIE WANDERUNG IN KÜRZE

+
Anspruch

2.45 Std.
Gehzeit

7 km
Länge

Charakter: Der Weinlehrpfad führt auf teilweise asphaltierten Wirtschaftswegen am Hang durch die Reben. Aufstieg von der Sebastianskapelle durch den Wald zur Burg Bernstein (552 m)

Markierung: Traubensignet bis St-Sébastien; blauer Punkt bis Bernstein; gelbes Kreuz bis Weinlehrpfad; Traubensignet bis Dambach-la-Ville

Wanderkarten: Club Vosgien No. 4/8; TOP25 3717 ET (Sélestat, Ribeauvillé)

Einkehrmöglichkeiten: In Dambach Hotels und Weinstuben; in einem Winzerhaus aus dem 17. Jh. der Caveau Nartz. Grand-Cru-Lage: Frankstein

Anfahrt: Dambach-la-Ville liegt an der Weinstraße, nördlich von Sélestat. Parken in der Nähe des Marktplatzes. Bahnstation

Dambach-la-Ville, seit 1227 im Besitz der Bischöfe von Straßburg und 1340 zur Stadt erhoben, gilt Kunstkennern als »eine Fundgrube der Holzarchitektur« (Georg Dehio). Zu den drei gotischen Stadttoren der Anlage von 1340 kommt eine größere Anzahl schöner Fachwerkhäuser, die meist aus dem 17. Jh. stammen. Am Marktplatz mit dem achteckigen Bärenbrunnen (der Bär ist Dambachs Wappentier) liegt auch das stattliche, 1685 erbaute Hotel Kientz-A la Couronne mit der Krone im schmiedeeisernen Schild. Hier beginnt der Weinlehrpfad: ›Départ du Sentier viticole‹.

Wir folgen dem Traubensignet die Rue du Général de Gaulle hinauf biegen links in die Rue St-Sébastien

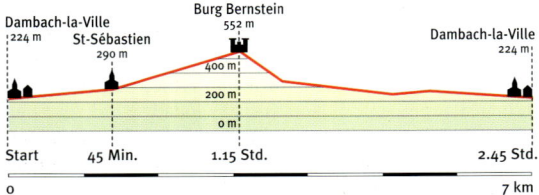

Dambach-la-Ville 224 m | St-Sébastien 290 m | Burg Bernstein 552 m | Dambach-la-Ville 224 m

400 m | 200 m | 0 m

Start | 45 Min. | 1.15 Std. | 2.45 Std.

0 | 7 km

94

In den Weinbergen bei Dambach-la-Ville

und gelangen am Ende dieser Straße nach rechts durch ein Gässchen zum Stadtgraben (Fossé des Remparts). Gleich dahinter beginnen die Weinberge. Die Weintraube weist weiter nach rechts: Wir kreuzen den Fahrweg zur Kapelle St-Sébastien, kommen an der Tafel ›Sylvaner‹ vorbei und gelangen am Ortsende auf die Route des Vins, auf der wir ein kurzes Stück bis zur **Chapelle Notre-Dame** gehen.

An der Kapelle führt der Sentier viticole hinauf in die Weinberge, zunächst auf betonierten, später auf leicht geschotterten Wirtschaftswegen. Nach einem kurzen Anstieg haben wir einen sehr schönen Blick auf Dambach mit seinen drei Stadttoren und der neuromanischen Kirche St-Etienne, dahinter die Rheinebene und der Schwarzwald. Wenn wir nach ungefähr einer halben Stunde auf ein Waldstück mit Edelkastanien, Akazien und Holunder stoßen, gehen wir nach links ein Stückchen den Hohlweg hinunter und gleich darauf an dem kleinen Haus am Waldrand hinauf zu der schön gelegenen **Chapelle St-Sébastien** (45 Min.). Kostbarstes Stück der Innenausstattung ist ein schwungvoll geschnitzter barocker Altaraufsatz der Bildhauer Clemens und Philipp Winterhalder aus Kirchzarten – eine Seltenheit im Elsass!

An der Sebastianskapelle verlassen wir den Sentier viticole für eine Weile und machen einen Abstecher in die Berge zur Burg Bernstein. Das Schild mit dem blauen Punkt, gegenüber dem Chor, führt uns aus den Weinbergen allmählich in den Wald hinauf. Zuerst sind Akazien, Edelkastanien und Stieleichen vorherrschend, später kommen Kiefern, Tannen und Buchen hinzu. Unser Weg, immer wieder von Bänken gesäumt, ist gut markiert und kaum zu verfehlen. Ungefähr 15 Min. nach der Kapelle kommen wir am Bibelefelsen vorbei, 5 Min. später lassen wir an einer großen Wegspinne den ›Chemin forestier du Neuberg‹

rechts liegen und erreichen dann nach weiteren 15 Min. kontinuierlichen Aufstiegs durch den Wald, die mächtigen Mauern von **Burg Bernstein** (1.15 Std.). Die große Wehranlage aus der Stauferzeit, alter Besitz der Grafen von Egisheim, 1227 vom Bischof von Straßburg erobert, fiel wie viele elsässische Burgen dem Dreißigjährigen Krieg zum Opfer. Eindrucksvollster Überrest ist der fünfeckige Bergfried mit der hohen Mantelmauer aus Bossenquadern auf der Spitze des Felsgrates (um 1200), den man über eine Reihe solider, aber dunkler Leitern erklimmen kann. Der Rundblick über die Rheinebene und das Tal von Villé mit den

Die Wallfahrtskapelle St-Sébastien in den Weinbergen von Dambach-la Ville

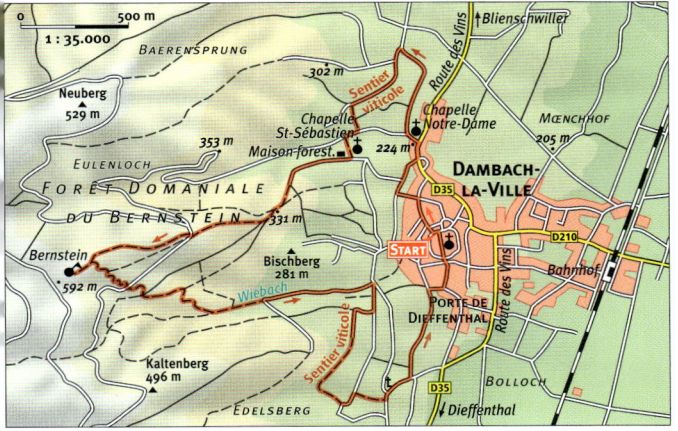

Ungersberg lohnt die Mühe. Anschließend kann man auch auf den Picknickbänken vor der Burg eine kleine Rast einlegen.

Den Rückweg zum Sentier viticole nehmen wir nun durch das Wiebachtal. Ungefähr 5 Min. gehen wir auf dem Weg zurück, den wir gekommen sind (blauer Punkt und gelbes Kreuz), dann folgen wir dem gelben Kreuz nach rechts hinunter in den Wald. Unser schmaler Pfad verläuft in spitzen Kehren, überquert mehrmals einen breiteren Forstweg und führt dann im Talgrund nach links, am Wiebach entlang, allmählich wieder aus dem Wald hinaus in die Weinberge. Unweit des Städtchens, eine dreiviertel Stunde nach unserem Abmarsch vom Bernstein, kreuzt der Sentier viticole, von links kommend, unseren Wanderweg (2 Std.). Geradeaus könnten wir jetzt in 5 Min. schon wieder in Dambach sein, aber dann hätten wir den zweiten Teil des Weinlehrpfads verpasst!

Wir folgen also dem Traubensignet nach rechts zum gut sichtbaren **Feldkreuz** auf der Höhe, gehen dort an der Lehrtafel ›Les travaux de protection de la plante‹ noch einmal einige Schritte nach rechts und biegen dann links auf den fast ebenen Pfad. Wir befinden uns jetzt im Zentrum des Grand Cru Frankstein. An der Tafel ›Riesling‹ (2.15 Std.) steigen wir über einige Treppenstufen direkt zwischen den Rebstöcken hinab bis zur Tafel ›Les vendanges‹, biegen dann nach rechts zu einem Hohlweg, der vom Wald herabführt. Dem folgen wir nach links, bis er auf den Wanderweg von Dambach nach Dieffenthal stößt (rotes Dreieck). Dieser führt uns vorbei an den letzten Tafeln des Weinlehrpfades in ca. 15 Min. ins Städtchen zurück. Durch die Porte de Dieffenthal, über die Rue Irma Mersiol Burrus und die Rue de l'Eglise gelangen wir wieder auf den Marktplatz von **Dambach-la-Ville** (2.45 Std.).

Typisch für die Häuser der elsässischen Winzer sind die lang gestreckten engen Höfe und das Fachwerk über dem gemauerten Erdgeschoss. Wenn wir diesen oder jenen Hof zur Weinprobe besuchen, können wir diese Bauweise näher betrachten.

Ritterromantik um 1900

Von St-Hippolyte zur Haut-Kœnigsbourg

Die von Wilhelm II. wieder aufgebaute Haut-Kœnigsbourg gehört zu den Attraktionen des Elsass. Der Anblick von mächtigen Burgzinnen begleitet den Aufstieg; auf dem bequemen Rückweg hat man einen weiten Blick über die Rheinebene und St-Hippolyte.

DIE WANDERUNG IN KÜRZE

Anspruch

3.15 Std.
Gehzeit

10 km
Länge

Charakter: Mittelschwere Wanderung durch Weinberge und Wald, mit einem ziemlich steilen Aufstieg von St-Hippolyte (224 m) zur Haut-Kœnigsbourg (733 m)

Markierung: Rot-weiß-rotes Rechteck bis Hotel-Restaurant Haut-Kœnigsbourg; rotes Rechteck/GR 5 bis Haut-Kœnigsbourg und zurück; roter Punkt bis Hotel-Restaurant Schaflager; gelbe Raute bis St-Hippolyte

Wanderkarte: Club Vosgien No. 4/8; TOP25 3717 ET (Sélestat, Ribeauvillé)

Einkehrmöglichkeiten: In St-Hippolyte Hotels und Gasthäuser. Auf der Haut Kœnigsbourg Restaurationsbetrieb. Unterwegs Hotel-Restaurant Haut-Kœnigsbourg und Hotel-Restaurant Schaflager. Grand-Cru-Lage: Glœckelberg

Anfahrt: St-Hippolyte liegt an der Weinstraße, südlich von Sélestat. Parken am Ortsrand (Richtung Orschwiller), gegenüber der Hostellerie Munsch

Für Kinder: Man kann im nahen Kintzheim die **Volerie des Aigles** (Adlergehege, in der Burg) und die **Montagne des Singes** (Affenberg, im Wald an der Straße zwischen Kintzheim und der Haut-Kœnigsbourg) besuchen

Haut-Kœnigsbourg: Eintrittsgebühr (Tel. 03 88 82 50 60)

Tipp: Weil der Aufstieg steil ist und sich in der Hauptreisezeit im Sommer die Autotouristen vor der Eintrittskasse drängeln, ist ein nicht zu warmer, schöner Tag im Frühling oder Herbst ideal für diese Wanderung. 1–1.30 Std. muss man für die Besichtigung der Burg rechnen

Der Name der Ortschaft **St-Hippolyte** geht zurück auf ein im 8. Jh. gegründetes Kloster, das die Reliquien des römischen Märtyrers Hippolytos barg. Vom Parkplatz außerhalb der Stadtmauer, gegenüber der renommierten Hostellerie Munsch, gehen wir geradeaus ins Städtchen, bis zur Place de l'Hôtel de Ville unterhalb der Kirche. Hier nehmen wir am Hotel A la Vignette die Rue de la Montée und finden gleich danach auf der linken Straßenseite das Schild des Club Vosgien ›Gloriette, Haut-Kœnigsbourg‹ (rot-weiß-rotes Rechteck). Über ein Gässchen und eine Treppe gelangen wir wieder auf die Außenseite der Stadtmauer, folgen der Straße ein Stückchen nach rechts und biegen dann in Höhe des großen Schulgebäudes hinauf in die Weinberge. Eindrucksvoll erhebt sich vor uns die Burg auf dem spitzen, bewaldeten Bergkegel. Wenn die asphaltierte Straße aufhört und auf einen Sandweg stößt, halten wir uns noch einmal links, erreichen bald darauf neben der Fahrstraße das Langenthal und folgen dem schmalen, zugewachsenen Pfad auf der rechten (!) Seite des Baches, bis wir an eine Kreuzung gelangen (30 Min.). Hier führen der Circuit St-Hippolyte (roter Ring) und die Route zur Haut-Kœnigsbourg durch das Langenthal (rot-weiß-rotes Rechteck) weiter geradeaus.

Unser Weg zur Burg über die Gloriette (ebenfalls rot-weiß-rotes Rechteck) biegt nach links in die Wiese, überquert die Fahrstraße und ist dann aufs Neue gut ausgezeichnet. Es geht steil in den Wald hinauf, wir kreuzen einige Male die Autostraße, kommen an Picknickbänken vorbei, die ein wenig nah am Verkehr stehen, und erreichen in einer Straßenschleife die **Gloriette,** einen vom Vogesenverein errichteten Pavillon. Oberhalb der Gloriette, jenseits der Straße, liegt der Rehbrunnen. Hier halten wir uns links (auf die Markierung achten!) und steigen in schmalen Kehren durch den Eichenwald

zum **Hotel-Restaurant Haut-Kœnigsbourg** hinauf (1.15 Std.).

Für die letzte halbe Stunde Aufstieg zur Burg benutzen wir nun den GR 5, der etwas oberhalb des Hotels verläuft. Wenn wir hinter den Wirtschaftsgebäuden, bald nach dem oberen Ende der Treppe, auf das rote Rechteck stoßen, müssen wir links in den Wald hinaufgehen. Ca. 20 Min. nach unserem Abmarsch vom Hotel stehen wir wieder auf der breiten Fahrstraße, die wir nach links überqueren – die Einmündung des Pfades müssen wir uns für den Rückweg gut merken. Dann steigen wir am Schild ›Haut-Kœnigsbourg‹ auf dem steilen gepflasterten Fußweg geradeaus zur Burg hinauf – hier richten wir uns ausnahmsweise nicht nach dem roten Rechteck! Am Tor der **Haut-Kœnigsbourg** angekommen (1.30 Std.), reihen wir uns zur Besichtigung in die Besucherscharen, die mit Auto oder Bus angereist sind.

Auf dem Weg, auf dem wir gekommen sind, geht es dann zurück bis zur Straße unterhalb des Hotels. Jetzt kümmern wir uns nicht um das große Schild ›Visitez St-Hippolyte‹, sondern folgen dem roten Punkt zum Hotel-Restaurant Schaflager einige Minuten auf der Fahrstraße und dann wieder ein Stückchen durch den Wald (jetzt roter Punkt und rot-weiß-rotes Rechteck).

Am **Schaflager** (2 Std.) müssen wir uns rechts halten, nehmen zunächst den breiten ebenen Forstweg (Langenberg, St-Hippolyte, Orschwiller), und biegen 5 Min. später nach rechts (Langenberg, St-Hippolyte, gelbe Raute). Jetzt wandern wir angenehm ein Stück durch den schönen Eichenwald, der den Kamm des Berges bedeckt. Mehrere Grenzsteine erinnern daran, dass hier 1791 die Grenze zwischen den Departements Haut-Rhin und Bas-Rhin verlief; auch ältere Steine mit dem lothringischen Kreuz haben sich an einigen Stellen erhalten. Ein Stück nach der Weggabelung Langenberg – Langenthal (wir bleiben auf dem Berg: Sentier panoramique), kurz bevor wir endgültig aus dem Wald kommen, weist uns ein Schild nach rechts zum **Belvédère du Langenberg** (2.30 Std.). Von den zwei Bänken am Hang haben wir einen schönen Blick, der von einer Panoramatafel erklärt wird: das rebenumkränzte St-Hippolyte zu unseren Füßen, dahinter die Rheinebene, der Schwarzwald mit dem Kaiserstuhl und bei klarem Wetter am fernen Horizont die Schweizer Alpen.

Wieder auf den Hauptweg zurückgekehrt, stoßen wir bald noch einmal auf zwei Grenzsteine und wandern dann nach rechts hinunter in die Weinberge. Am Ortsrand von **St-Hippolyte** gehen wir auf dem geteerten Sträßchen nach rechts bis zu den Mauern der großen Schule, an der wir schon auf dem Hinweg vorbeigekommen sind (3 Std.). Nach rechts und gleich darauf über die kleine Treppe auf der linken Seite gelangen wir wieder in den Ort und können den Ausflug in einem der zahlreichen Lokale beschließen, vielleicht auch beim Winzer eine Flasche Wein kaufen (3.15 Std).

Die Haut-Kœnigsbourg

Die 1147 zum ersten Mal erwähnte staufische Burg wurde um 1480 von Grund auf erneuert und gegen das

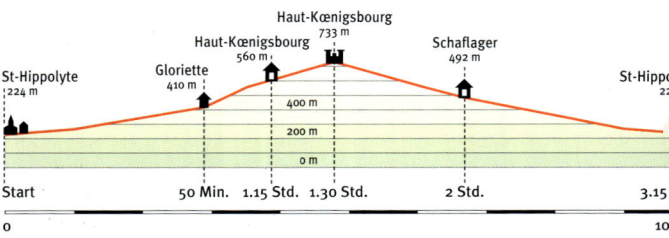

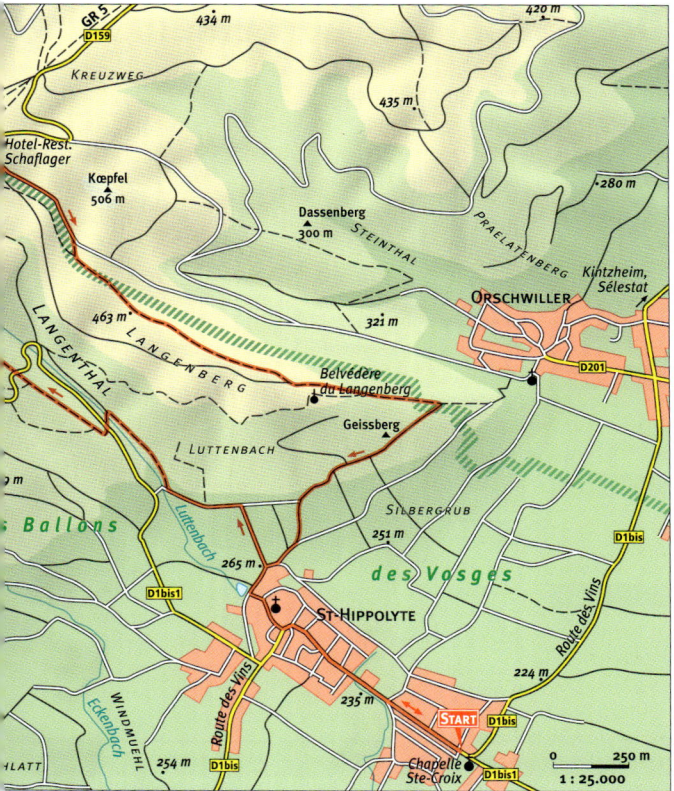

neu aufkommende Artilleriege-schütz befestigt. Im Dreißigjährigen Krieg zündeten die Schweden die verlassenen Gebäude an. Die Ruine schenkte die Stadt Schlettstadt 1899 dem deutschen Kaiser Wilhelm II., der die Haut-Kœnigsbourg durch Bo-do Ebhardt wieder aufbauen ließ. Ebhardt schuf eine Anlage, die Neu-es und Altes eng miteinander verbin-det. Der Unterbau des quadrati-schen Bergfrieds und Teile der Man-telmauer der Hochburg mit einer romanischen Fenstergruppe stam-men noch aus staufischer Zeit. Die Errichtung sämtlicher Dachstühle

und die Gestaltung der Innenräume sind Ebhardts Werk. Es gelang ihm, der imposanten Anlage in etwa das Aussehen des 16. Jh. zurückzuge-ben, auch wenn nicht alle Details historisch genau sind.

Die wieder aufgebaute Hohkö-nigsburg ist inzwischen als Haut-Kœnigsbourg auch den Elsässern und Franzosen ans Herz gewachsen. Nacht für Nacht wird sie von mäch-tigen Lampen angestrahlt, als At-traktionen werden mittelalterliche Diners bei Kerzenschein, mittelalter-liche Konzerte und mittelalterliche Theateraufführungen dargeboten.

101

Drey Schlösser auff einem Berge

Zu den drei Burgen über Ribeauvillé

Die klassische Halbtageswanderung auf den Spuren der Herren von Rappoltstein verbindet die Besichtigung von St-Ulrich, Girsberg und Hohrappoltstein mit dem Besuch der Marienwallfahrt von Dusenbach und einem Gang durch die historische Stadt Ribeauvillé.

DIE WANDERUNG IN KÜRZE

++
Anspruch

3 Std.
Gehzeit

9 km
Länge

Charakter: Mittelschwere Wanderung, erst ein Stückchen durch die Weinberge, dann durch trockenen, lichten Wald; ein tüchtiger Aufstieg von Ribeauvillé (264 m) nach Haut-Ribeaupierre (640 m)

Markierung: Rotes Rechteck/GR 5 bis St-Ulrich; gelbes Kreuz Girsberg – St-Ulrich; rotes Rechteck und gelbes Kreuz bis Notre-Dame de Dusenbach/Marienwallfahrt; blaues Dreieck bis Ribeauvillé

Wanderkarte: Club Vosgien No. 4/8; TOP25 3718 OT (Colmar, Kaysersberg)

Einkehrmöglichkeiten: In Ribeauvillé Hotels und Gasthäuser; gastronomisch: Les Vosges; traditionell: die Wistub Zum Pfifferhus. Unterwegs in Dusenbach im Abri du Pèlerin Getränke und Imbiss (während der Messe und 12–13 Uhr geschl.). Grand-Cru-Lagen:

Osterberg, Geisberg, Kirchberg de Ribeauvillé. In 9 km Entfernung Illhäusern mit der bekannten Auberge de l'Ill

Anfahrt: Ribeauvillé liegt an der Weinstraße, genau in der Mitte zwischen Colmar und Sélestat. Parken am unteren Ende der Altstadt, in unmittelbarer Nähe der Weinstraße (am Stadtpark oder an der Place du Général de Gaulle). Bahnstation in 4 km Entfernung

Wandertipp: Ribeauvillé und die drei Burgen sind auch ein beliebter Ausgangspunkt für eine Tageswanderung zum Taennchelmassiv. Weil es mehrere Routen gibt, braucht man unbedingt eine Wanderkarte

Pfeifertag: Am ersten So im Sept. findet in Ribeauvillé eines der volkstümlichsten elsässischen Feste statt

Ribeauvillé, zu Deutsch Rappoltsweiler, am Fuß der drei Burgen, gehört zu den größeren Städtchen an der Weinstraße. Bis zur Französischen Revolution war die aus einer älteren Siedlung hervorgegangene

Stadt Hauptort der Herrschaft Rappoltstein, Ribeaupierre, und viele historische Bauwerke haben sich aus dieser Zeit erhalten. Die Hauptachse der Unterstadt, die Grand' Rue, führt vom Stadtpark, dem ehemaligen Herrengarten (1617 von Eberhard von Rappoltstein angelegt) vorbei am ehemaligen Gasthof Zur ne Sammlung kunstvoller Pokale aus Markircher Silber, Geschenke der Herren von Rappoltstein an den Rat der Stadt, ist ausgestellt im barocken Rathaus (1773), und wir können sie vielleicht auf dem Rückweg bewundern (in der Saison 10–12, 14–15 Uhr, außer Mo/Sa). Weiter geht es dann auf der Grand'Rue über

Blick auf die Rappoltsweiler Burgen

Stadt Nancy (Hausnummer 7, prächtiges Renaissanceportal) und der bekannten Wistub Zum Pfifferhus (Erker mit geschnitzter Verkündigung, um 1680) zum historischen Rathausplatz. Im Vorbeigehen werfen wir einen Blick auf den reich verzierten Renaissancebrunnen (Bär mit dem Rappoltstein'schen Wappen auf dem Brunnenstock, 1536), die ehemalige Augustinerkirche (zweigeteiltes Portal, um 1360) und den Metzgerturm (Sockel aus Bossenquadern 13. Jh., Renaissanceobergeschoss 1536), der früher die Oberstadt von der Unterstadt trennte. Eine die Place de la Sinn (Brunnen von 1862) bis zur Place de la République, und hier beginnt am Gasthaus Aux Trois Châteaux die eigentliche Wanderung (15 Min.).

Mit dem roten Rechteck (GR 5) steigen wir zunächst in die Weinberge und später in den Wald hinauf, bis zum unteren Burgtor von **St-Ulrich,** dessen gewaltige Mauern sich über uns auftürmen (1 Std.). Der Weg ist steil, stellenweise in den Felsen gehauen, und bei sommerlicher Hitze gerät man hier leicht ins Schwitzen. Da sind die zahlreichen Ruhebänke – die man übrigens über-

103

all auf dieser Wanderung antrifft – besonders willkommen. Auf einem kleinen botanischen Lehrpfad sehen wir unterwegs einige der typischen Bäume und Sträucher der trockenen, heißen Vorberge: die Edelkastanie, im Elsass auch Kestebaum genannt, die Wintereiche, die Kiefer und die Hagebuche, die seltene Felsenbirne und die Elsbeere.

Nach der Besichtigung von St-Ulrich machen wir einen Abstecher zum nahen **Girsberg** (gelbes Kreuz, hin und zurück 10 Min.), und dann steigen wir von St-Ulrich nach **Haut-Ribeaupierre** hinauf, der dritten Burg der Rappoltsteiner (1.30 Std.). Für den Hinweg, für den wir ca. 20 Min. brauchen, wählen wir den steilen Pfad, der rechts oberhalb des Burgtores von St-Ulrich beginnt (›Château Haut-Ribeaupierre, Thannenkirch‹, rotes Rechteck/GR 5); zurück gehen wir gemütlich – beim Verlassen von Haut-Ribeaupierre halten wir uns rechts (›St-Ulrich facile‹, ebenfalls rotes Rechteck).

Wenn wir auf einen breiten, ebenen Forstweg stoßen (1.45 Std., er kommt direkt von St-Ulrich), gehen wir rechts und wandern nun mit dem gelben Kreuz (an einem der nächsten Bäume) bis zum **Kahlfelsen** auf der linken Wegseite. Hier verlassen wir den Forstweg und steigen am Felsen vorbei auf einem schmalen, steinigen Pfad in den Wald hinunter. Dieses Wegstück ist nicht besonders

gut gekennzeichnet – wenn wir uns links halten, erreichen wir jedoch ohne größere Schwierigkeiten die hoch über der Schlucht gelegene Marienwallfahrt **Notre-Dame de Dusenbach** (2.15 Std.). Sie ist eine der ältesten elsässischen Wallfahrten und geht zurück auf einen Herrn von Rappoltstein, der hier im 13. Jh. eine Kapelle errichten ließ für ein wundertätiges Marienbild, das er von einem Kreuzzug heimgebracht hatte. Nach mehrmaliger Zerstörung der historischen Gebäude wurde der heutige Wallfahrtsort erst Ende des 19. Jh. neu aufgebaut (Messe oder Marienandacht: So 8, 10, 14.45, 16 Uhr).

Der Sentier Maria Raydt (blaues Dreieck) – so genannt nach einer frommen Bruderschaft – führt am Hang des Strengbachtals in einer halben Stunde durch Wald und Rebberge bequem nach Ribeauvillé zurück. Ausgangspunkt dieses Pfades ist der XI. Kreuzwegstation am Eingang des Wallfahrtsortes. Am Ortsrand von **Ribeauvillé** (2.45 Std.) gehen wir dann auf der Straße ein Stückchen in Richtung Stadtmitte, und wenn wir uns an der ersten größeren Kreuzung leicht links halten (nicht: ›toutes directions, centreville‹), gelangen wir wieder in die Grand'Rue (3 Std.) und bummeln nun gemütlich zum Auto zurück. Die Wistub Zum Pfifferhus und das feine Hotel Les Vosges liegen direkt an unserem Weg.

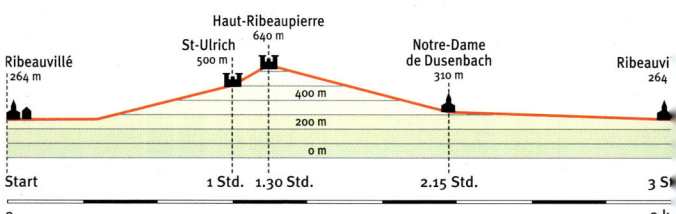

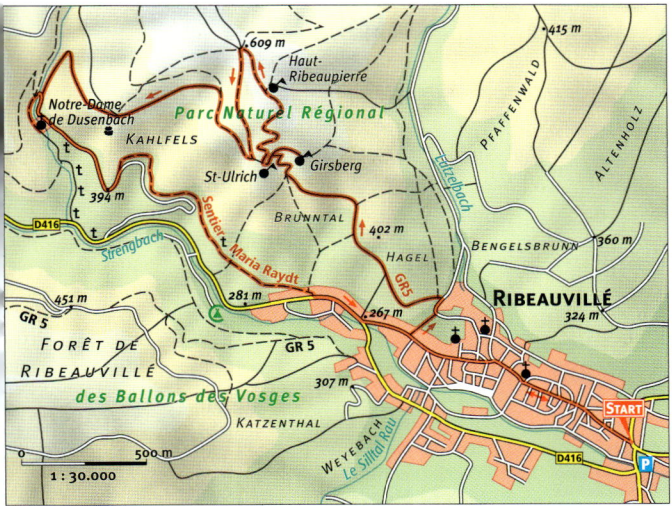

Die Rappoltsweiler Burgen

Groß-Rappoltstein oder St-Ulrich, Hohrappoltstein und Girsberg auf dem Schlossberg über Rappoltsweiler waren einst im Besitz der mächtigen Herren von Rappoltstein, die im mittleren Elsass begütert waren. Als der Adel zu Beginn der Neuzeit aus seinen unbequemen Höhenburgen in komfortablere Wohnstätten zog, erbauten auch die Rappoltsteiner gegen Ende des 15. Jh. ein neues Schloss in der Stadt (heute eine Schule), und die drei alten Burgen waren spätestens am Ende des Dreißigjährigen Krieges verlassen.

1806 bestieg der durch die Französische Revolution vertriebene letzte Graf von Rappoltstein als Maximilian I. den bayerischen Königsthron. Ein kostbarer Pokal aus Markircher Silber, der ›Rappoltsteiner Pokal‹, befindet sich heute in der Schatzkammer der Residenz zu München.

Stammsitz des Geschlechts und schönste Burg war Groß-Rappoltstein, später nach dem Patron der Kapelle allgemein St-Ulrich genannt. Oberhalb des heutigen Eingangs erhebt sich zur Rechten der wahrscheinlich um die Mitte des 12. Jh. erbaute mächtige Bergfried, dessen Plattform eine prächtige Rundsicht bietet. Gegenüber, etwas tiefer, liegt die Anlage vom Anfang des 13. Jh.: die Mauern eines großen Wohnturms, davor die Kapelle und der Rittersaal mit sieben gekuppelten Fenstern, der als ein Meisterwerk staufischer Burgenarchitektur gilt.

Künstlerisch weniger anspruchsvoll sind die beiden anderen Burgen, die wohl ebenfalls im 13. Jh. entstanden. Das auf einer steilen Kuppe thronende kleine Girsberg kam 1304 als Lehen an Rappoltstein'sche Dienstleute. Hohrappoltstein (Haut-Ribeaupierre) entstand am Platz einer frühgeschichtlichen Wall- und Grabenanlage, deren Spuren noch heute hinter der Burg zu sehen sind.

105

Tour 22

Aus Hansis Bilderbuch

Von Niedermorschwihr nach Ammerschwihr und Katzenthal

Der Colmarer Maler Hansi (Hans Waltz, 1873–1951) hat das Bild des ›malerischen‹ Elsass geprägt. Die Vorhügel und Dörfer seiner Heimat dienten als Vorlage für seine Bilder mit Burgen, spitzen Kirchtürmen und Storchennestern.

DIE WANDERUNG IN KÜRZE

++
Anspruch

5.30 Std.
Gehzeit

14 km
Länge

Charakter: Mittelschwere Tageswanderung mit einem längeren Aufstieg durch den Wald von Niedermorschwihr (264 m) zum Galtz (731 m). Der Weg durch die schattenlosen Weinberge kann im Sommer heiß werden

Markierung: Gelber Punkt, blaues Dreieck und blaue Raute bis Galtz; blauer Punkt bis Ammerschwihr; gelbes Dreieck bis Niedermorschwihr

Wanderkarten: Club Vosgien No. 6/8; TOP25 3718 OT (Colmar, Kaysersberg)

Einkehrmöglichkeiten: In Ammerschwihr Restaurants und Gaststätten. In Niedermorschwihr Caveau Morakopf (So/Mo mittag Ruhetag) und Relais des Trois-Epis – bekanntes Feinkostgeschäft mit elsässischen Spezialitäten

Anfahrt: Von Colmar nach Ingersheim, von da auf der D 11 II, Richtung Trois-Epis, bis Niedermorschwihr. Parken am Ortseingang

Abseits der großen Verkehrswege und Touristenstraßen liegt das Dörfchen **Niedermorschwihr** idyllisch in den Weinbergen. Bemerkenswert ist der spitze, gedrehte Turmhelm der Kirche St-Gall (um 1300), der einzige dieser Art im Elsass. Anders als die meisten umliegenden Ortschaften hat das abgelegene Dorf die Kämpfe um Colmar im Winter 1944/45 unversehrt überstanden. Am Parkplatz am Dorfeingang finden wir das Schild ›Le Galtz par le Sommerberg‹ des Club Vosgien (gelber Punkt und

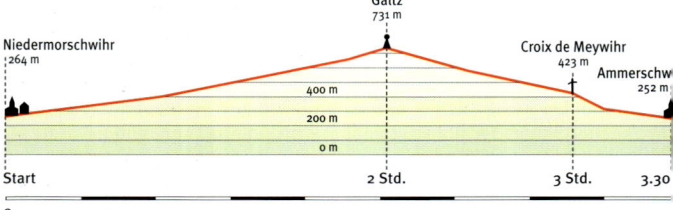

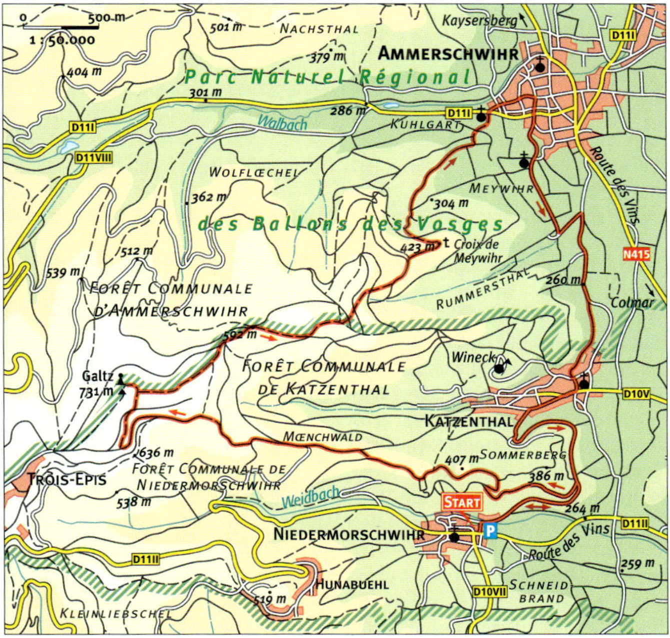

Tour 22

gelbes Dreieck). Wir gehen die Dorfstraße durch ein Neubauviertel hinunter und dann den Berg hinauf in die Weinberge. Ende April Anfang Mai blühen an den Wegrändern überall hohe gelbe Stauden von Farbenwaide oder Färber-Wait *(Isatis tinctoria),* eine Pflanze, die früher zum Blaufärben benutzt wurde. Etwas später finden wir die seltene, gelbe Osterluzei. Wir haben einen schönen Blick über die Ebene von

Colmar und auf den dahinter liegenden Kaiserstuhl. An den beiden ersten größeren Kreuzungen lassen wir die Wege nach Katzenthal (15 Min., gelbes Dreieck) und zum Calvaire du Sommerberg (30 Min.) rechts liegen und wandern mit dem gelben Punkt an dem Sendemast vorbei weiter in Richtung ›Le Galtz, Trois-Epis‹. Aus dem asphaltierten Wirtschaftsweg ist inzwischen ein immer schmalerer Feldweg geworden, die Weinberge gehen in Gebüsch über, und weit vor uns, über den Baumwipfeln, erhebt sich unser erstes Ziel, die Christus-Statue auf dem Galtz. Eine knappe Stunde nach unserem Abmarsch stoßen wir im Wald auf einen Weg mit dem blauen Dreieck, der von Katzenthal heraufführt. Wir wenden uns nach links und müssen jetzt gut aufpassen, weil im nächsten Stre-

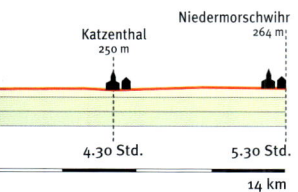

Katzenthal 250 m

Niedermorschwihr 264 m

4.30 Std.   5.30 Std.

14 km

ckenabschnitt mehrere Wege mit dem blauen Dreieck gekennzeichnet sind. Nach etwa 10 Min. lassen wir den Pfad ›Sentier du Weidbach‹ (blaues Dreieck) links liegen und gehen Richtung Ammerschwihr (ebenfalls blaues Dreieck!). Wenn sich dann gut 5 Min. später die Wege nach Ammerschwihr und zum Galtz trennen, können wir nicht mehr fehlgehen. Geradeaus wandern wir ungefähr 20 Min. auf einem breiten Waldweg in Richtung Galtz, dann führt ein schmaler Pfad nach rechts in die Höhe. Bald darauf, an einer Bank, stoßen wir auf die blaue Raute und den gelben Punkt, die uns die letzte Strecke zum Denkmal auf dem **Galtz** hinaufführen (2 Std.). Die Inschrift an der 1930 errichteten Christus-Statue dankt dem Heiligen Herzen Jesu und Unserer Lieben Frau von den Drei Ähren für den Schutz des bedrängten Elsass im Ersten Weltkrieg. Eine Orientierungstafel des Club Vosgien erklärt die Aussicht.

Zum Abstieg wählen wir den blauen Punkt, der bis Ammerschwihr unsere Markierung bleiben wird. Der schmale Pfad führt zunächst ziemlich steil abwärts über moosbewachsene Steine, zwischen denen im Frühjahr Waldmeister, Maiglöckchen und Sternmiere blühen. Nachdem sich der Weg verbreitert hat, müssen wir uns an zwei größeren Kreuzungen links halten, d. h. wir lassen die beiden Abzweigungen nach Katzenthal (zuerst blaues Dreieck, dann ebenfalls blauer Punkt!) rechts liegen. Bald wandern wir durch einen schönen Eichenwald und erreichen knapp 1 Std. nach unserem Abmarsch vom Galtz **La Croix de Meywihr** (3 Std.). Von der Bank haben wir eine weite Sicht über einige der besten Lagen des elsässi-schen Weinlandes – direkt unter uns die Dächer von Ammerschwihr, dahinter die Weinorte Kientzheim und Sigolsheim, in der Ferne am Horizont ganz klein die drei Burgen von Ribeauvillé und weiter rechts die Haut-Kœnigsbourg. Nach einer kurzen Rast geht es dann eine Weile steil hinunter durch den Kastanienwald (diese Bäume lieferten früher die Pfähle für die Reben), und nach weiteren 10 Min. Weg durch die Weinberge stehen wir an der Wendelinkapelle am Ortseingang von **Ammerschwihr** (3.30 Std.).

Der schöne alte Winzerort, 1367 zur Stadt erhoben, wurde im Dezember 1944 bei den Kämpfen um Colmar großenteils zerstört. Beim Wiederaufbau hat man jedoch den ehemaligen Lageplan und auch die Hausformen geschickt berücksichtigt. Wir gehen durch die Porte Haute mit dem noch bewohnten Storchennest die Hauptstraße hinunter – überall laden Schilder und ausgestellte Flaschen zur Weinprobe ein. Bekannt ist das Weingut Adam mit dem Kaefferkopf, einer der ganz seltenen elsässischen Rotweine, und auch das Feinschmecker-restaurant Gaertner Aux Armes de France am unteren Ende des Städtchens, nicht weit vom Schelmenturm. Für eine kleine Stärkung gibt es aber auch bescheidenere Gasthäuser.

Den Rückweg durch die Weinberge treten wir am Hôtel de Ville – dem alten Rathaus – an, von dem nur noch das Portal mit der Jahreszahl 1552 erhalten ist. Wir biegen in die Rue du Cerf und finden schon an der nächsten Kreuzung den Wegweiser ›Katzenthal, Niedermorschwihr‹. Das gelbe Dreieck, bis zum Ende der Wanderung unser Markierungszeichen, führt uns aus dem Ort hinaus,

Weinberge an der Weinstraße

geradeaus in die Weinberge. Zur Rechten bemerken wir, inmitten der Reben, die Grundmauern des Bergfrieds von Meywihr, dem untergegangenen Nachbardorf von Ammerschwihr, gleich darauf kommen wir an den Überresten der Kirche von **Meywihr** vorbei, die während der Französischen Revolution zerstört wurde. Unser asphaltierter Wanderweg verläuft jetzt ungefähr parallel zur Autostraße, und ein Schild, ›Chemin du Kaefferkopf‹ zeigt nach einer Weile an, dass wir uns im Anbaugebiet des schon erwähnten Rotweins befinden. An einem Kirschbaum verlassen wir diesen Weg, steigen nach rechts auf einem bald nicht mehr asphaltierten Pfad in die Höhe und erblicken kurz darauf unter uns, auf der anderen Seite des Berges, den Kirchturm von **Katzenthal,** zu dem wir ziemlich steil hinuntersteigen (4.30 Std.). Im Vergleich mit ähnlichen elsässischen Weinorten wirken die Häuser des im Winter 1944/45 zerstörten Dörfchens etwas nüchtern. Vom wieder aufgebauten Kirch-

platz führt unsere Route nach rechts die Grand'Rue hinauf, am Brunnen geradeaus in die Rue des Trois-Epis und dann am Haus No. 103 nach links aus dem Ort hinaus.

Wir durchqueren ein Wäldchen, lassen den Weg ›Niedermorschwihr par le Sommerberg‹ (gelber Punkt) rechts liegen und gelangen bald darauf zu einem Wasserhaus mit einer Bank. Genießen wir den schönen Blick auf die gegenüberliegende, rebenumkränzte Burg Wineck über Katzenthal – Winecker Schlossberg zählt übrigens, zusammen mit dem Sommerberg von Niedermorschwihr, zu den elsässischen Spitzenweinen, Grands Crus d'Alsace. Nach einer letzten kurzen Rast steigen wir dann, immer mit dem gelben Dreieck, durch die Weinberge zu unserem Parkplatz in **Niedermorschwihr** hinunter (5.30 Std.). Im Caveau Morakopf oder im Relais des Trois-Epis, beide an der Hauptstraße gelegen, können wir die Wanderung zünftig abschließen.

Violette Küchenschellen

Über die Vorhügel und durch die Weinberge bei Soultzmatt

Nördlich von Guebwiller erweitert sich die schmale Vorhügelzone der Vogesen zu einem breiten Bruchfeld, aus dem einzelne isolierte Bergrücken aufragen. Auf den Höhen wachsen seltene Trockenrasenpflanzen, an den Hängen gedeihen ausgezeichnete Weine.

DIE WANDERUNG IN KÜRZE

++
Anspruch

3.45 Std.
Gehzeit

15 km
Länge

Charakter: Aussichtsreiche Wanderung über teils kahle Höhenrücken, durch Weinberge und Wald; ein ziemlich steiler Aufstieg von Soultzmatt (240 m) zum Zinnkœpfle (446 m)

Markierung: Rote Raute bis Notre-Dame du Hubel; rotes Dreieck bis Westhalten; blauer Punkt, blauer Ring und rote Raute bis Orschwihr; rote Raute bis Soultzmatt

Wanderkarten: Club Vosgien No. 6/8; TOP25 3719 OT (Grand-Ballon)

Einkehrmöglichkeiten: Mehrere Gasthäuser in Soultzmatt; gastronomisch in Westhalten die Auberge Cheval Blanc und auf dem Bollenberg Domaine du Bollenberg – Aux Vieux Pressoir. Grand-Cru-Lagen: Zinnkœpfle, Vorbourg und Pfingstberg

Anfahrt: Soultzmatt liegt an der Weinstraße, westlich von Rouffach. Parken an der Hauptstraße, auf dem Platz neben dem Rathaus

Das historische Winzerstädtchen **Soultzmatt** nennt sich nach der noch heute sprudelnden Mineralquelle: Sulzmatte (Salzwiese). Von den sieben ›Schlössern‹, die hier im Mittelalter gestanden haben sollen und nach denen sich das Tal stolz *Vallée* *noble* nennt, bleibt nur noch die im 16. Jh. erbaute Wagenburg mit Renaissanceportal und Treppenturm an der Hauptstraße, jetzt ein bekanntes Weingut. Gleich am Rathaus liegt die Post und daneben eine Bäckerei mit den Schildern des Club

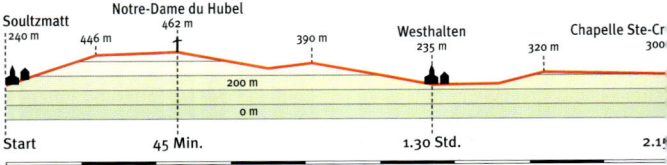

Soultzmatt 240 m · 446 m · Notre-Dame du Hubel 462 m · 390 m · Westhalten 235 m · 320 m · Chapelle Ste-Cr 300

200 m

0 m

Start · 45 Min. · 1.30 Std. · 2.1

Vosgien: unser Weg zum Zinnkœpfle (rote Raute) fällt zunächst zusammen mit dem Weinlehrpfad (Sentier viticole). Wir steigen die schmale Rue d'Or hinauf, gehen am Ende der Gasse rechts und biegen gleich danach, an einem Kreuz, steil in die Weinberge hoch. An der Stelle, an der sich die rote Raute und die Weintraube trennen (5 Min.), machen wir ein paar Schritte in Richtung rote Raute, klettern dann jedoch über ein Treppchen direkt in die Rebberge hinauf. Der schmale Pfad am abschüssigen Hang gibt uns eine kleine Ahnung von der anstrengenden Arbeit der Winzer! Wenn wir nach ca. 5 Min. wieder auf den Hauptweg zum Zinnkœpfle und den Sentier viticole stoßen, gehen wir rechts weiter. Unterwegs, am Wegrand, sehen wir einige Schautafeln des Weinlehrpfades, die uns u. a. den Grand Cru Zinnkœpfle vorstellen, den edelsten Wein dieser Gegend.

An der Tafel ›La Vallée noble‹ (20 Min.) müssen wir die Weinberge und den Sentier viticole endgültig verlassen. Hinter dem Schild mit der roten Raute klettern wir in einer Steinrinne, die von niedrigem Gebüsch eingerahmt wird, steil den Hang hinauf. Vom Plateau am südlichen Ende des **Zinnkœpfles** haben wir einen schönen Blick auf das Soultzmattertal und die Rheinebene (30 Min.).

Der Kammweg, den wir nun einschlagen, führt uns über Trockenrasen, der an vielen Stellen von Buschwerk überwuchert ist – Weißdorn, Schlehen, Hagebutten, Brombeeren, Haselsträucher, Eichen. Die Markierung hier oben ist nur spärlich. Wir halten uns zunächst rechts – nach einigen Metern erscheint an einem Baum die rote Raute, ein Stück weiter müssen wir an einer Weggabelung links gehen. Der Pfad steigt jetzt leicht an und wird eine kurze Strecke von Steinen eingefasst. Nach dem Schild ›Conservatoire des Sites Alsaciens, Naturreservat‹ kommen wir in einen Akazien- und Hainbuchenwald und gehen immer geradeaus bis zur großen Eiche, an der in einem Kästchen ein modernes Vesperbild hängt, **Notre-Dame du Hubel** (45 Min.).

Eine kleine asphaltierte Straße führt uns jetzt nach rechts hinunter, Richtung Westhalten (rotes Dreieck). Bald gelangen wir wieder in die Weinberge, lassen den Weg zum Schauenberg in der Senke links liegen und steigen weiter geradeaus zum vor uns liegenden **Strangenberg** hinauf. Wir folgen dem asphaltierten Fahrweg in die Rechtskurve (1.15 Std.), erreichen gleich darauf einen Parkplatz (der Weg ist jetzt für den Autoverkehr gesperrt) und wandern nun, uns immer leicht rechts haltend, auf dem kaum erkennbaren Fußpfad über den kahlen Kamm nach Süden. Herrlicher Blick ins Rheintal und auf die Hochvogesen!

Ca. 10 Min. nach der großen Kurve steigen wir an einem mit der ro-

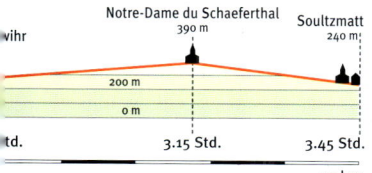

Notre-Dame du Schaeferthal 390 m

Soultzmatt 240 m

vihr

200 m

0 m

td.

3.15 Std.

3.45 Std.

15 km

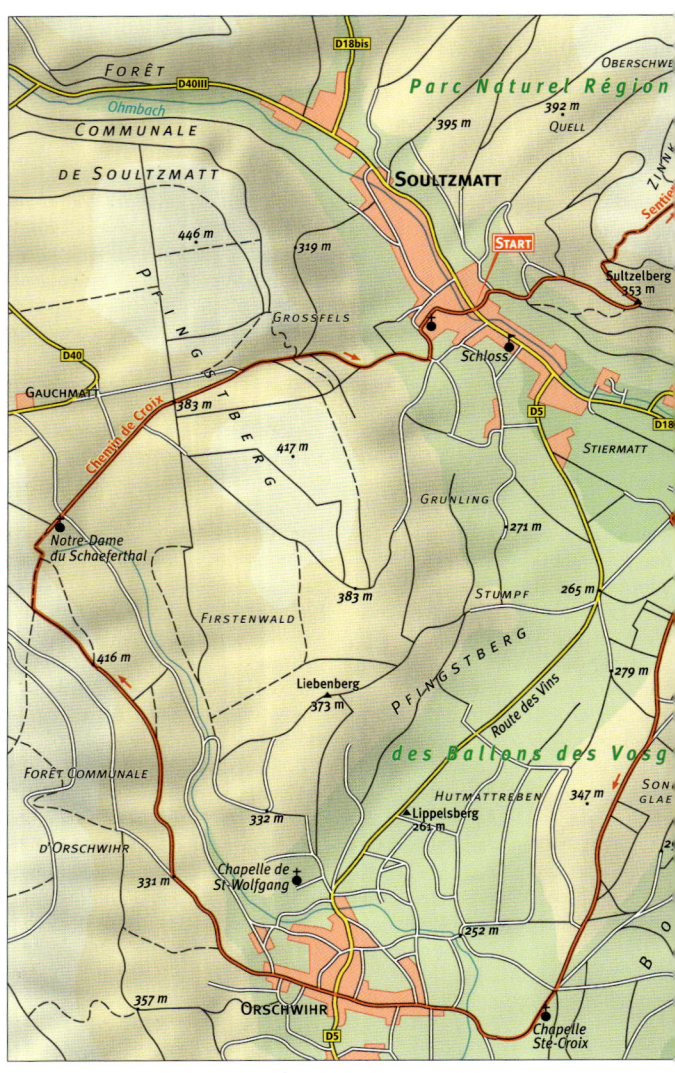

ten Raute bezeichneten Stein nach rechts steil in die Weinberge hinunter und gelangen bald auf asphaltierten Wirtschaftswegen zu den ersten Häusern von **Westhalten** (1.30 Std.).

Wir gehen die Rue Haute herunter, biegen links in die Rue de l'Eglise und stehen gleich darauf an der Hauptstraße. Hier können wir wählen. Erschöpfte oder eilige Wanderer wenden sich nach rechts und errei-

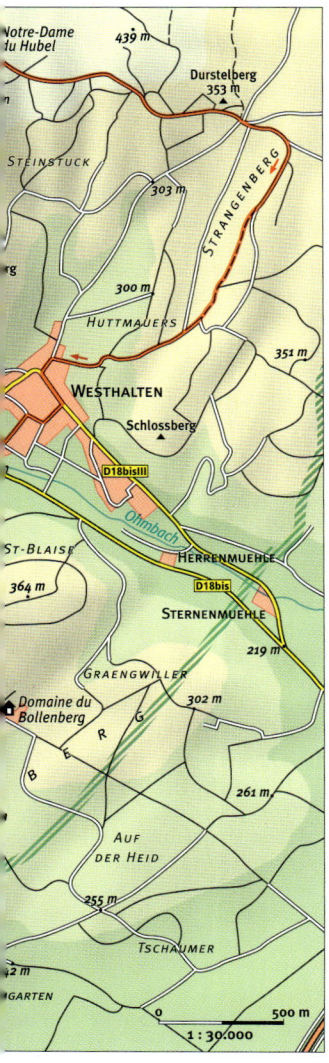

fach und marschieren dann ein kleines Stück ohne Markierung bis zur Auberge du Cheval Blanc, wo wir auf den blauen Punkt stoßen. Mit diesem Zeichen gehen wir nun bis zum Ortsausgang (Rue de la Fontaine, Rue de la Liberté, Rue d'Orschwihr), überqueren den Ohmbach und danach die Autostraße nach Soultzmatt (1.45 Std.), folgen der Rue d'Orschwihr noch ca. 5 Min. und biegen dann nach links auf einen asphaltierten Wirtschaftsweg in die Weinberge (Bollenberg, blauer Punkt).

Am Waldrand, bei einer Bank, stoßen wir auf einen mit dem roten Ring gekennzeichneten Rundweg (2 Std.) und wandern nun nach rechts zwischen Weinbergen und Wald zum kahlen Bergrücken des **Bollenberg** hinauf. Wir halten uns immer geradeaus. Wenn der blaue Punkt und der rote Ring kurz hintereinander nach links zur Domaine du Bollenberg weisen (Station für Feinschmecker, Hin- und Rückweg ca. 20 Min.), ist ein kleines Wegstück nicht markiert, dann erscheinen die rote Raute und der blaue Ring. Mit diesen Zeichen erreichen wir die kleine **Chapelle Ste-Croix** auf der südlichen Spitze des Bollenberg (2.15 Std.).

Der windige Ort mit dem weiten Blick ins Land war einst berüchtigt als Sammel- und Tanzplatz der Hexen im südlichen Elsass – darum wird die Kapelle manchmal auch ganz unheilig *Chapelle des sorcières* (Hexenkapelle) genannt.

Bis Soultzmatt bleibt unser Wegzeichen nun die rote Raute. Von der Kapelle führt sie uns hinunter nach **Ohrschwihr**, geradeaus durchs Dorf (Rue du Bollenberg, Grand'Rue) und am Ortsausgang durch einen Hohlweg hinauf in den Wald (2.30 Std.). Hohe Eichen, Kiefern und Edelkastanien bilden hier den typischen

chen den Ausgangspunkt Soultzmatt auf dem direkten Weg in ca. 20 Min. Wenn wir noch in Form sind, lenken wir unsere Schritte jedoch nicht in die Rue de Soultzmatt, sondern nach links in die Rue de Rouf-

Baumbestand der trockenen Vorhügelwälder. Nach unserem Abmarsch von Orschwihr müssen wir uns rechts halten (besonders auf die zweite Abzweigung achten, gelber Punkt), dann erreichen wir über eine Lichtung die auf einem Wiesenplatz hübsch gelegene Wallfahrtskapelle **Notre-Dame du Schaefertal** (Val du Pâtre, 3.15 Std.). Nach der auch auf einem Votivbild dargestellten Legende schlug die Jungfrau Maria, als sie einst an einem schwülen Tag die Schafe weidete, auf dieser einsamen Trift eine sprudelnde Quelle aus dem Boden, und das heilsame Wasser erfreute sich bei den Bewohnern der umliegenden Orte bald großer Beliebtheit. Die mehrfach erweiterte spätgotische Kapelle ist seit 1984 durch die Amis du Schaefertal ganz mustergültig restauriert worden.

An einem Nussbaum vor dem ehemaligen Bruderhaus weist uns die rote Raute dann auf den schnurgeraden alten Kreuzweg, an dessen Ende uns ein breiter Forstweg weiter geradeaus durch den Wald nach **Soultzmatt** herabführt. Am Ortseingang halten wir uns links zur Kirche, und am Kirchplatz gehen wir rechts zum Rathaus und zum Parkplatz zurück (3.45 Std.). Wer nicht zu erschöpft ist, wirft noch einen Blick auf die Kirche, die durch ihre Maße beeindruckt. Schönster und ältester Teil ist der hohe romanische Turm mit Blendarkaden und säulengekuppelten Fenstern. Bemerkenswertester Grabstein im Innern ist das Denkmal für Wilhelm Capeler und seine Ehefrau, die als Stifterfiguren auf einem Verkündigungsrelief erscheinen (1495). Mehrere an der Kirchhofsmauer stehende merowingische Steinsärge wurden bei der Ausgrabung einer Vorgängerkirche gefunden.

Trockenrasenpflanzen

Im Regenschatten des Großen und Kleinen Belchen bilden die bis zu 500 m hohen Vorhügel im Soultzmatter Tal eine kleine trockene und heiße Insel, auf deren Kalkböden eine für das Elsass einzigartige Flora gedeiht. Im März, wenn die Blüten der Küchenschelle den Trockenrasen der Höhenrücken violett färben, beginnt der Frühling. Die seltene blaue Kugelblume, das verbreitete gelbe Sonnenröschen und die rotviolette Karthäuser-Nelke sind andere typische Trockenrasenpflanzen. An Standorten, die ein wenig Feuchtigkeit aufweisen, in lichten Gebüschen und auf Halbtrockenrasen gedeihen im Frühsommer der blutrote Storchenschnabel und einige seltene Orchideengewächse.

Wenn sie nicht mit Chemikalien behandelt wurden, haben auch die Weinberge ihre ganz besonderen Blumen. Die stark duftenden, leuchtend gelben Tulpen und die blauen Traubenhyazinthen öffnen ihre Blüten fast gleichzeitig Ende März/Anfang April. Etwas später, von Mai bis Juni, finden wir dann die seltene Osterluzei und das Salomonssiegel oder die Weißwurz, die als ›Springwurz‹ in unseren Märchen verschlossene Türen öffnet.

Zahlreiche Sträucher und Hecken tragen ebenfalls zum blühenden Aussehen der Vorberge bei. Die ersten Haselkätzchen zeigen sich schon im Februar, im März und April folgen die Schlehen, Ende April/Anfang Mai der Weißdorn und die Felsenbirne; im Mai blühen der Wollige Schneeball und der seltene Sauerdorn, im Juni Heckenrosen und Liguster und schließlich, ganz zuletzt, im Juni und Juli, die weit verbreitete stachelige Brombeere.

Bergbau im ›Silbertal‹

Von Echery zum Grand-Brézouard

Das Tal der Lièpvrette war früher berühmt für seine Silberminen. Durch ein Seitentälchen führt die Tagestour durch schattige Wälder auf den Grand-Brézouard. Nach dem anstrengenden Aufstieg bietet der Rückweg über den Chaufour schöne Blicke hinunter ins Tal.

DIE WANDERUNG IN KÜRZE

++
Anspruch

5 Std.
Gehzeit

16 km
Länge

Charakter: Mittelschwere, lange Wanderung, größtenteils über Waldwege, empfehlenswert im Sommer und Herbst; der Aufstieg von Echery (436 m) zum Grand-Brézouard (1229 m) ist im letzten Teil ziemlich steil

Markierung: Rot-weißrotes Rechteck bis zum Parkplatz am Brézouard; rotes Rechteck/GR 5 bis zur Brézouard-Hütte des Club Vosgien; rot-weißrotes Rechteck bis zum Parkplatz; roter Punkt bis Echery

Wanderkarten: Club Vosgien No. 4/8; TOP25 3617 ET (Ste-Marie-aux-Mines)

Einkehrmöglichkeiten: Unterhalb des Brézouard liegen das Naturfreundehaus, Refuge des Amis de la Nature (Wochenende und Schulferien, Tel. 03 89 47 21 73) und die Ferme Auberge Haïcot (Tel. 03 89 47 21 46). Kein Gasthaus in Echery, aber Gasthäuser in Ste-Marie-aux-Mines

Anfahrt: Echery liegt an der D 48, zwischen Ste-Marie-aux-Mines und dem Col des Bagenelles. Parken auf dem Platz neben der Brücke, gleich hinter der Abzweigung, die nach St-Pierre-sur-l'Hâte führt. Linienbus SNCF von Sélestat nach Ste-Marie-aux-Mines

Silberminen: Zu den ehemaligen Silberminen im Rauenthal führt der in Echery beginnende Sentier minier (Bergmannspfad, zwei gekreuzte Hämmer, Rundwanderung von ca. 3 Std.). Besichtigungen von Silberminen werden auf Anfrage vom Office de Tourisme organisiert

Maison de Pays: In Ste-Marie-aux-Mines; informiert über Textilindustrie, Silberbergwerk und Mineralien

Tipp: Die Ferme Auberge Haïcot ist auch mit dem Auto zu erreichen

24

Tour

Das Dörfchen **Echery,** heute Ortsteil von Ste-Marie-aux-Mines, gilt nach alten Chroniken als die Wiege des Bergbaus im Silbertal, im Val d'Argent. Zwei Einsiedler, Wilhelmus und Acharius (Echeric), hätten hier ein Kloster gegründet, und gleichzeitig – wahrscheinlich im 10. Jh. – sollen die ersten Silbergruben aufgefunden und ausgebeutet worden sein. An einem Baum auf dem Parkplatz finden wir unser Wegzeichen für den Aufstieg zum Brézouard-Gipfel, das rot-weiß-rote Rechteck, ›Haïcot-Brézouard par le Rauenthal‹.

Wir folgen der Markierung die Dorfstraße hinauf in Richtung St-Pierre-sur-l'Hâte, erblicken zur Rechten den einstigen ›Uhrturm‹ der Bergleute (Tour de l'Horloge), überqueren nach ca. 5 Min. den Bach und nehmen dann das Sträßchen ganz rechts ins **Rauenthal.** Ein kleines Schild mit zwei gekreuzten Hämmern zeigt an, dass wir uns auch auf dem Sentier minier befinden, einem Lehrpfad, der zu den ehemaligen Silbergruben des Neuenberg führt. Gegenüber der **Maison forestière** (15 Min.) liegen in einem eingezäunten Tümpel die Reste eines großen Mahlsteins der Farbmühle – hier wurde Kobaltblau gewonnen für die Tuchfärberei und, im Elsass besonders beliebt, für den Außenanstrich der Häuser.

Nach dem Forsthaus biegen wir nicht nach rechts auf den Sentier des Vosges (ebenfalls mit dem rot-weiß-roten Rechteck bezeichnet) und den Sentier minier, sondern bleiben weiter im Tal auf der kleinen Asphaltstraße, die allmählich in einen schlechten Schotterweg übergeht. Wenn die verstreut gelegenen Höfe ganz aufhören, ist das Sträßchen mit einem Schlagbaum für den Autoverkehr gesperrt (45 Min.), und der Weg beginnt jetzt stärker anzusteigen. Selten markiert, stellenweise mit Gras überwachsen, ist er trotzdem nicht zu verfehlen, da er immer geradeaus das Tal hinaufführt. Ca. 1.15 Std. nach unserem Abmarsch vom Parkplatz findet sich an einer größeren Kreuzung das rot-weiß-rote Rechteck auf einem Stein am Boden; eine Viertelstunde später stoßen wir auf einen breiten Forstweg, gehen rechts und gleich darauf links steil in den Wald hinauf bis zum Brunnen, der laut Inschrift 1898 vom Freiherrn von Hunoltstein erbaut wurde. Es folgt ein weiterer kräftiger Anstieg von einer Viertelstunde (1.45 Std.), und dann stehen wir auf einem ebenen Weg, der links zum Naturfreundehaus und rechts über den Rain de l'Horloge nach Echery zurückführt (gelbes Kreuz). Hier winkt Stärkung und Erholung! Wir haben die Wahl. Ganz nah, direkt an unserer Route,

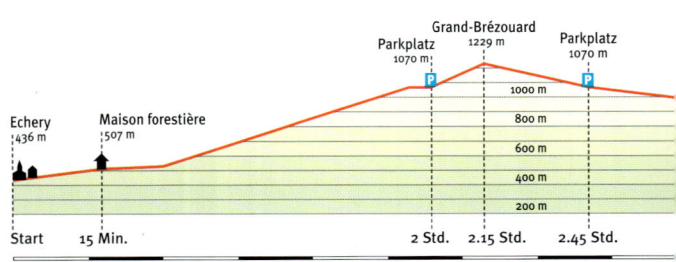

liegt zur Linken mitten im Wald mit schöner Aussicht ins Rauenthal das Naturfreundehaus und 100 m dahinter der große **Parkplatz** unterhalb des Brézouard (2 Std.).

Wer eine Rast auf grünen Matten vorzieht, kann an dieser Stelle aber auch einen kleinen Abstecher zur Ferme Auberge Haïcot machen (hin und zurück ungefähr 15 Min., bei der Gesamtwanderzeit nicht berücksichtigt). Dazu geht man mit dem gelben Kreuz ein Stück nach rechts bis zum Waldrand (ca. 5 Min.) und nimmt dort den nicht besonders markierten Pfad, der am Weidezaun entlang nach links in 5 Min. zum Bauerngasthof führt. Zurück zum Ausgangspunkt unseres Abstechers geht es auf derselben Route, die wir uns auf dem Hinweg gut eingeprägt haben (zunächst rot-weiß-rotes Rechteck und gelbes Kreuz; vor dem Waldrand scharf rechts auf der Höhe bleiben, nicht hinunter nach Echery) und dann auf dem ebenen Pfad weiter geradeaus zum Naturfreundehaus und zum Parkplatz.

Hier beginnt der eigentliche Aufstieg zum Brézouard. Wir überqueren den Platz und finden an einem Baum unser Wegzeichen: das rote Rechteck. Wir steigen steil hinauf in den Nadelwald, dann führt es uns scharf nach links, und 5 Min. später stehen wir auf dem nur noch mit niedrigem Gebüsch, Heidelbeeren und Heidekraut bewachsenen Gipfel des **Grand-Brézouard** (2.15 Std.). Während die Sicht nach Osten von Bäumen begrenzt wird, reicht sie nach Süden und Westen weit über die Vogesen.

Über den Bergrücken wandern wir nun auf dem mit dem roten Rechteck markierten Pfad immer geradeaus bis zur Hütte des Club Vosgien, und von dort steigen wir nach links wieder hinunter zum **Parkplatz** (›Ste-Marie par Echery‹, rot-weiß-rotes Rechteck, 2.45 Std.).

Mit prächtiger Aussicht beginnen wir jetzt den Rückweg auf dem breiten, ebenen Forstweg, der rechts von uns beginnt und durch einen Schlagbaum für den Autoverkehr gesperrt ist. Er dient im Sommer als Fahrweg und im Winter als Skipiste. Der rote Punkt für die Wanderer, ›Ste-Marie-aux- Mines par le Chaufour‹, befindet sich etwas links von unserem Standort an einem Baum. Auf den Karten ist diese Markierung nur für den direkten Weg vom Petit-Brézouard nach Echery eingetragen, im Gelände können wir uns aber mit etwas Aufmerksamkeit orientieren. Wir gehen also auf dem schon beschriebenen bequemen Forstweg etwa 10 Min. geradeaus, halten uns dann links (nicht mit dem rot-weiß-roten Rechteck zum Kamm hinauf)

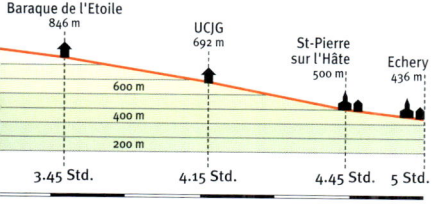

Baraque de l'Etoile 846 m · UCJG 692 m · St-Pierre sur l'Hâte 500 m · Echery 436 m · 600 m · 400 m · 200 m · 3.45 Std. · 4.15 Std. · 4.45 Std. · 5 Std. · 16 km

und biegen nach weiteren 10 Min. noch einmal nach links auf einen sehr schmalen Pfad steil hinunter in den Wald. Nachdem wir den Sentier horizontal Adelspach Haïcot (grünes Dreieck) überquert haben, führt uns ein wieder breiterer Wirtschaftsweg

nach rechts bis zur **Baraque de l'Etoile** (3.45 Std.), einer meist unverschlossenen Hütte mit Bank und Tischen.

Von der Baraque de l'Etoile steigen wir dann mit dem roten Punkt nach rechts weiter durch den Wald hinab. Bald nachdem wir eine Schranke passiert haben, sehen wir unter uns auf einer Wiese die Gebäude der privaten Feriensiedlung **Chaufour,** und in 10 Min. erreichen wir dann das mitten im Wald gelegene Heim des **UCJG** (CVJM, 4.15 Std.). Im Tälchen hinter dem Haus verstecken sich die Abraumhalden einer ehemaligen Bleigrube.

Jetzt verlassen wir den breiten Forstweg und nehmen den steinigen Pfad am Bach hinunter zum alten Bergmannsdörfchen **St-Pierre-sur-l'Hâte** (4.45 Std.). Die Kirche mit dem romanischen Westturm (12. oder 13. Jh.) und dem spätgotischen Chor (bezeichnet 1531) ist leider meist verschlossen. An der Kirchhofsmauer entlang gehen wir dann auf der schmalen geteerten Straße in einer Viertelstunde bequem nach **Echery** zurück (5 Std.). Die Sicht über die mit Obstbäumen bestandenen Wiesen hinunter ins Tal ist hier besonders schön.

Bergbau im Val d'Argent

Die große Zeit des Silberbergbaus beginnt im Tal von Ste-Marie-aux-Mines um 1500. Das Städtchen wächst zur Stadt und wird zum Hauptort des Tals. Aufsehen erregende Kunde von Silberblöcken, die mehr als 100 kg wiegen, verbreitet sich weit über die Landesgrenzen.

Das Leben der Bergleute ist gefährlich und ungesund. 2 mal 4 Stunden beträgt die tägliche Arbeitszeit in der Mine. Eine Wollmütze mit Augenschlitzen und eine riesige Lederschürze, in die sich der ganze Mann wickeln kann, schützen den Bergmann nur notdürftig vor Feuchtigkeit und herabfallendem Gestein, die Öllampe verbreitet in den nur schwach erleuchteten Gängen erstickenden Qualm. Bis zur Einrichtung von Seilwinden müssen Frauen und Kinder das Sickerwasser in Eimern aus der Grube schöpfen, und vor der Aufstellung von Blasebälgen lässt man zur Ventilation Kinder in den Gängen hin und her laufen.

Ein stark entwickeltes Gemeinschaftsbewusstsein und eine straffe korporative Organisation erleichtern die schweren Lebensbedingungen. Schon um 1550 organisieren die Bergleute selbst eine Art obligatorische Versicherung. Mit dem Bruderpfennig unterhält man ein Hospital, bezahlt einen Pfarrer und einen Lehrer und lässt Witwen und Waisen eine kleine Unterstützung zukommen.

Nach der großen Zeit des Silberbergbaus beginnt schon um 1600 ein langsamer Niedergang, der durch den Dreißigjährigen Krieg besiegelt wird. Eine letzte Epoche relativer Prosperität im 18. Jh., in der neben Silber vor allem Blei, Kupfer und Kobalt gefördert wird, findet ihr Ende beim Ausbruch der Französischen Revolution.

Ste-Marie-aux-Mines entwickelt sich seit Mitte des 18. Jh. zu einem der Mittelpunkte der elsässischen Textilindustrie. Wegen der harten Konkurrenz des Weltmarktes kämpft sie heute ums Überleben. An den ehemals blühenden Bergbau erinnern nicht nur die über 1000 Halden, die sich überall im Gelände finden, sondern auch eine Reihe von Gebäuden aus der Glanzzeit der Zunft: Renaissancehäuser des 16./17. Jh. in Ste-Marie-aux-Mines und Echery, die alte Bergmannskirche in St-Pierre-sur-l'Hâte mit ihrem Friedhof und der Uhrturm in Echery, der den Bergleuten einst als Gefängnis gedient haben soll.

Im Pays Welche

Aussichten um Fréland

Hinter Kaysersberg liegt das Pays Welche (sprich: Welsch), in dem man einen romanischen Dialekt spricht. Hier prägt die Weidewirtschaft noch heute das Bild, und die Tour führt auf geteerten Wirtschaftssträßchen durch zwei charakteristische Wiesenhochtäler.

DIE WANDERUNG IN KÜRZE

+
Anspruch

2.30 Std.
Gehzeit

9 km
Länge

Charakter: Angenehme Wanderung, vorwiegend über Wiesen; leichter Anstieg von Fréland (449 m) zum Col du Chamont (679 m)

Markierung: Rote Raute bis Col du Chamont; rot-weiß-rotes Rechteck bis Pleins Champs; grünes Dreieck bis kurz vor Fréland

Wanderkarten: Club Vosgien No. 4/8; TOP25 3718 OT (Colmar, Kaysersberg)

Einkehrmöglichkeiten: In Fréland Restaurant in der Maison du Pays Welche. Zahlreiche Hotels und Restaurants im nahe gelegenen Kaysersberg

Anfahrt: Von Colmar auf der N 415 Richtung Kaysersberg, Col du Bonhomme; hinter Kaysersberg auf der D 11 III bis Fréland. Parken an der Hauptstraße an der Maison du Pays Welche

Museen: Das Museum in der **Maison du Pays Welche** ist nur mit einer Führung zu besichtigen (Tel. 03 89 71 90 52). Schnapsmuseum in Lapoutroie: **Musée des Eaux-de-Vie** (mittags geschl.)

Tipp: Man kann die Wanderung mit einem Besuch der Albert-Schweitzer-Stadt Kaysersberg verbinden

Lapoutroie, Orbey, Labaroche, Fréland und Le Bonhomme, diese fünf Gemeinden im hinteren Kaysersberger Tal oder Val d'Orbey bilden das Pays Welche, das über die Grenzen des Elsass hinaus kaum bekannt ist.

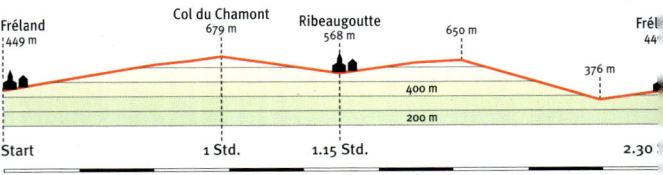

Fréland	Col du Chamont	Ribeaugoutte		Frél
449 m	679 m	568 m	650 m	44

376 m

400 m

200 m

Start — 1 Std. — 1.15 Std. — 2.30

Von ihren Nachbarn unterscheiden sich die Bewohner dieser Dörfer vor allem durch die ›welsche‹ Sprache, eine französische, mit dem Lothringischen verwandte Mundart, deren Herkunft ungeklärt ist. Sicher ist, dass man bis zum Beginn des 20. Jh. im Pays Welche sehr zurückgezogen lebte, vor allem von Holzwirtschaft und Viehzucht, auch ein wenig von der Schnapsbrennerei. Der Munsterkäse aus dem Val d'Orbey genießt noch heute einen guten Ruf.

Das Gebirgsdorf **Fréland** zieht sich entlang der Ure, einem Nebenflüsschen der Weiss, am Südhang des Brézouard. Hier beginnt unsere Wanderung im Ortszentrum, wo die weithin sichtbare Kirche Notre-Dame, das Rathaus und die Maison du Pays Welche nah beieinander liegen. Dieses Haus wurde 1989 im ehemaligen Zehnthof der Grafen von Rappoltstein eröffnet, die bis zur Französischen Revolution Besitzer des Tals waren. In einem Nebengebäude befinden sich jetzt Küche, Wohnstube und ein Raum, in dem die Geräte für die traditionelle Käseherstellung gezeigt werden. Über eine im 18. Jh. erbaute Holzgalerie

gelangt man in das Haupthaus, dessen Empfangssaal mit Kamin, Stuck und Holzverkleidung einst seine bescheidene Pracht in dieser abgelegenen Gegend entfaltete. Die Brennerei für Schnaps und der Ofen zum Brotbacken vervollständigen die Ausstellung.

Wir folgen dem Schild des Club Vosgien mit der roten Raute (›Choé, Col du Chamont‹) von der Hauptstraße in die Rue de l'Eglise, biegen gleich an der Friedhofsecke rechts hoch auf einen steinigen, steilen Feldweg und wandern nun – immer mit weitem Blick ins Tal – über die mit Kirschbäumen bestandenen Weiden den Hang hinauf. Die einzelnen Gehöfte am Weg beherbergen unter einem Dach Mensch und Vieh. Weil sie traufseitig an den Berg gestellt sind, hat man für das an der Hinterfront gelegene Tennentor besondere, schräge Auffahrten konstruieren müssen, die oft eine beachtliche Höhe erreichen. Ungefähr 30 Min. nach unserem Abmarsch von Fréland gelangen wir in der Nähe eines solchen Hofes auf ein breiteres, asphaltiertes Sträßchen, das uns nun nach rechts durch

Auf dem Weg nach Fréland: Weingut in Kaysersberg

den Wald zum **Col du Chamont** bringt (1 Std.).

Hier auf der Höhe stoßen wir auf den Weg vom Brézouard nach Lapoutroie und folgen jetzt dem rot-weiß-roten Rechteck geradeaus hinunter ins Tal der Béhine. Die Sicht über die Weiden ist ausgezeichnet, und wenn wir den Weiler **Pleins Champs** links liegen lassen, können wir auf der ›Ancienne voie romaine‹ (grünes Dreieck) einen Abstecher zur hübsch gelegenen Laurentius-Kapelle in **Ribeaugoutte** machen (1.15 Std.). Der gemütliche Bauerngasthof neben der Kapelle hat leider Ende 1998 seine Pforten geschlossen. Vielleicht bekommt er bis zum nächsten Wanderführer einen Nachfolger.

Mit dem grünen Dreieck geht es dann auf der Straße, auf der wir gekommen sind, wieder zurück bis zu den schon erwähnten Häusern von **Pleins Champs** (1.30 Std.), und hier wandern wir nun in Richtung ›Lapoutroie‹ (gelber Punkt), ›Fréland‹ (grünes Dreieck). An einem hohen Mast auf der linken Straßenseite dürfen wir dann den Feldweg mit dem grünen Dreieck nach Fréland nicht verpassen, der uns in ca. 10 Min. durch den Wald zu einem kleinen Weiler bringt, bei dem wir wieder ein geteertes Sträßchen erreichen.

Wir folgen der Spur der Römer und orientieren uns weiter an dem grünen Dreieck, das uns über die Wiesen und durch den Wald hinabführt. Der Weg ist leider schlecht unterhalten, eventuell muss man durch einen Stacheldrahtzaun kriechen. Das letzte Stück vor der Hauptstraße gleicht eher einem Bach als einem Weg. Nach 2.15 Std. haben wir den Ortseingang von **Fréland** erreicht (15 Min. durchs Dorf bis zum Parkplatz, 2.30 Std.).

Gebirge und Seen

Vom Lac Blanc über den Lac Noir zu den Hautes Chaumes

Lac Blanc und Lac Noir gehören zu den typischen eiszeitlichen Gebirgsseen, die inmitten zerklüfteter Felsen unterhalb des Vogesenkamms liegen. Nur wenige Minuten von den Uferparkplätzen entfernt befinden wir uns in einem interessanten Naturschutzgebiet.

DIE WANDERUNG IN KÜRZE

+++
Anspruch

5 Std.
Gehzeit

10 km
Länge

Charakter: Lange Wanderung mit zwei Kletterpartien am Rocher Hans und am Observatoire Belmont. Kräftiger Anstieg vom Lac Noir (950 m) zum Gazon du Faing (1290 m)

Markierung: Gelbes Rechteck/GR 532 bis Digue du Lac Blanc; rot-weiß-rotes Rechteck bis Gazon du Faing; rotes Rechteck/GR 5 bis Col du Calvaire

Wanderkarten: Club Vosgien No. 6/8; TOP25 3718 OT (Colmar, Kaysersberg)

Einkehrmöglichkeiten: Les Terrasses du Lac Blanc

am Col du Calvaire. Auberge du Lac Noir (Tel. 03 89 71 21 80). Abstecher: Ferme Auberge Lac des Truites/Lac Forlet (Tel. 03 89 77 49 22)

Anfahrt: Von Colmar auf der N 415 Richtung Kaysersberg, Col du Bonhomme; hinter Hachimette auf der D 48 über Orbey Richtung Station du Lac Blanc – Col du Calvaire. Parken am Col. Die D 48 mündet hier auf die Route des Crêtes

Unser erstes Ziel, den Lac Blanc, den größten Vogesensee, erreichen wir auf dem GR 532, der mit dem gelben Rechteck markiert ist. Am Centre de Secours, gegenüber dem Parkplatz am **Col du Calvaire,** führen das rote (GR 5) und das gelbe Rechteck zunächst ein kleines Stück gemeinsam in den Wald und trennen sich dann an einem Ferienheim. Wir folgen dem Schild ›Sentier Freppel, Digue du Lac Blanc‹ auf einem breiten, fast ebenen Weg nach links und steigen, ungefähr 5 Min. später, wieder nach links im Zickzackkurs in den Fichtenwald hinunter. Jetzt ist unser Pfad steil, steinig und teilweise morastig. Am Ufer des **Lac Blanc** angelangt (15 Min.), müssen wir uns nochmals nach links wenden, überqueren gleich danach auf einem Steg aus Baumstämmen einen kleinen Bach und wandern dann unter hohen Fichten etwas vom Ufer entfernt. Schlangenknöterich (*Polygonum bistorta*) und Sauergräser am Waldboden zeigen an, dass wir uns auf feuchtem Terrain befinden. Wenn wir auf die Autostraße stoßen, sehen wir rechts schon den Parkplatz am Seeufer durch die Bäume scheinen, den wir in wenigen Minuten erreichen (45 Min.). Vor allem am Wochenende im Sommer ist auf diesem Parkplatz, zu dem auch ein Kiosk mit Ansichtskarten und eine Gaststätte gehören, eine Menge Betrieb. Dann werden wir uns hier wahrscheinlich nicht lange aufhalten, eine kleine Ruhepause vor dem folgenden Aufstieg tut uns aber doch gut.

Ohne Schwierigkeit finden wir dann am Ende des kurzen **Staudamms** *(digue)* das Schild ›Réserve biologique‹ und unseren neuen Wegweiser ›Lac Noir, Rocher Hans, Observatoire Belmont, Sentier difficile‹ (rot-weiß-rotes Rechteck). Die Kletterpartie kann beginnen. Zwischen mächtigen Felsbrocken steigen wir steil in den Wald hinauf, wobei der teilweise nur schwer erkennbare Pfad durch die vielen markierten Fichten angezeigt wird. Je höher wir kommen, desto schöner wird die Sicht auf das Kaysersberger Tal und die schroff aus dem See aufragende Felsgruppe, le Château Hans oder Rocher Hans, an der sich alpine Kletterer mit Seil und Steigeisen üben. Die zahlreichen glatten Felsplatten eignen sich auch gut für ein Picknick in luftiger Höhe. Wenn wir ungefähr eine dreiviertel Stunde gestiegen sind und Latschenkiefern und Vogelbeerbüsche an die Stelle der Fichten treten, verlassen wir an einer Weggabelung den Rundweg um den See (›Source du Lac Blanc‹)

und gehen links, leicht abwärts durch den Wald, in etwa 10 Min. zum **Observatoire Belmont** (1.30 Std.). Ursprünglich stand dieses Denkmal für den 1915 gefallenen Hauptmann Ferdinand Belmont auf einem hervorragenden Aussichtspunkt über den beiden Seen – daher die Bezeichnung *observatoire* –, ist aber heute durch hohe Fichten völlig zugewachsen.

Und weiter geht es zum Lac Noir: zuerst ungefähr 5 Min. nach rechts und dann nach links, ›Lac Noir par groupe de rochers, difficile‹. Das ist nicht übertrieben, und der folgende abschüssige Pfad durch wüste Felsentrümmer, nicht besonders gut markiert (im Zweifelsfall links gehen), ist wohl der schwierigste Abschnitt der Wanderung. Wenn wir nach knapp 10 Min. einen breiteren, steinigen Forstweg erreichen, dürfen wir aufatmen. Leidlich bequem geht es jetzt, immer mit dem rot-weiß-roten Rechteck, eine gute halbe Stunde abwärts durch den Wald bis zum Lac Noir. Unterwegs ist eine große Lichtung im Juli übersät mit rotem Fingerhut und dem blauen und violetten Milchlattich *(Cicerbita alpina* und *Cicerbita plumieri)*, der weniger bekannt ist. Vereinzelte, mannshohe, kahl-graue Baumstämme erinnern an die deutsch-französische Frontlinie im Ersten Weltkrieg; alle Wälder der Umgebung waren damals zusammengeschossen worden. Am **Lac Noir,** auch mit dem Au-

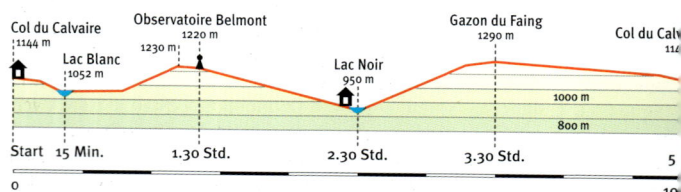

Der Lac Blanc am Nordzipfel der Hautes Chaumes

to zu erreichen, können wir uns auf der Terrasse der Gaststätte am Seeufer ausruhen (2.30 Std.). Das ursprüngliche Landschaftsbild wird leider etwas vom Elektrizitätswerk im Hintergrund verdorben: Durch unterirdische Rohre wird das Wasser nachts in den höher gelegenen Lac Blanc gepumpt, und am Tag, wenn die Elektrizität teurer ist, fließt das Wasser wieder zurück.

Vom Lac Noir zu den Hautes Chaumes müssen wir noch einmal kräftig steigen. Wir gehen über den kleinen Platz am Staudamm und folgen dann rechts von der Straße, an zwei großen Informationstafeln, dem rot-weiß-roten Rechteck den Hang hinauf. Der steile schmale Pfad überquert mehrmals breitere Forstwege, wir dürfen die Markierung nicht aus den Augen verlieren. An einer Stelle winden wir uns durch ein üppiges Dickicht von Himbeersträuchern, immer wieder gibt es schöne Ausblicke auf den tief unter uns liegenden See. Ungefähr 1 Std. nach unserem Abmarsch vom Lac Noir erreichen wir fast unvermittelt die Baumgrenze und eine wichtige Kreuzung: geradeaus geht es in 15 Min. zur Ferme Auberge Le Forlet am Lac des Truites (rotes Dreieck, bei gutem Wetter und guter Kondition ein lohnender Abstecher), nach links zu den Hautes Huttes (gelbes Dreieck) und nach rechts zum **Gazon du Faing** (rot-weiß-rotes Rechteck), unserem nächsten Ziel. Dort stoßen wir auf den großen GR 5 (rotes Rechteck), der uns zurück zum Col du Calvaire bringt.

An der Grenze zwischen Latschenkiefern und Hochweiden, den Hautes Chaumes, führt uns dieser Wanderweg, oft zwei bis drei ausgetretene parallele Pfade, geradeaus immer leicht abwärts über den Hauptkamm der Vogesen. Am Wegrand blühen Alpenblumen in kräftigen Farben, der feuchte Boden federt weich unter unseren Stiefeln, nach Westen geht der Blick weit über die Wälder der lothringischen Hochebene, im Osten zeichnet sich bei klarem Wetter die Silhouette des

Vom Lac Blanc über den Lac Noir zu den Hautes Chaumes

Schwarzwalds ab. Es ist eine Lust, hier zu wandern, und dies ist sicherlich das angenehmste Wegstück des Tages – allerdings nur bei schönem Wetter! Nach einer knappen Stunde taucht der Höhenweg wieder in den Wald und führt uns nun, steiler abfallend, in einer weiteren knappen halben Stunde zurück zum **Col du Calvaire** (5 Std.). Wer hungrig und müde ist, erholt sich sogleich im Gasthof am Parkplatz.

›Alpinismus‹ am Hohneck

Über den Sentier des Roches nach Le Gaschney und zum Hohneck
Bekannt für die reichste alpine Flora im Elsass ist das Hohneckmassiv über dem Munstertal. Besonders schön ist diese Wanderung Anfang Juni, wenn die Alpenanemonen blühen, oder an einem klaren Herbsttag, wenn sich die Gipfel der Schweizer Alpen abzeichnen.

DIE WANDERUNG IN KÜRZE

+++
Anspruch

5 Std.
Gehzeit

13 km
Länge

Charakter: Der Sentier des Roches am Anfang der Wanderung gilt zu Recht als einer der eindrucksvollsten und gefährlichsten einheimischen Gebirgspfade. Von Le Gaschney (985 m) zum Hohneck (1363 m) ein kräftiger Aufstieg, dann angenehmer Abstieg zum Schluchtpass (1135 m)

Markierung: Blaues Rechteck/GR 531 bis Le Gaschney; rot-weiß-rotes Rechteck bis Ferme Auberge Schiessroth; rotes Rechteck/GR 5 bis Col de la Schlucht

Ausrüstung: Bergstiefel und Regenzeug

Wanderkarte: Club Vosgien No. 6/9; IGN TOP25 3618 OT (Le Hohneck, Gérardmer)

Einkehrmöglichkeiten: Am Schluchtpass und auf dem Hohneck Gasthäuser.

Am Wege die Fermes Auberges Frankenthal (Tel. 03 89 77 22 43, selten geöffnet), Gaschney (Tel. 03 89 77 63 73) und Schiessroth (Tel. 03 89 77 63 63)

Anfahrt: Von Colmar auf der D 417 (Richtung Gérardmer, Epinal) bis zum Col de la Schlucht. Parken am Pass. Linienbus STAHV: Colmar–Gérardmer–Epinal

Saison: Wanderzeit von Ende Mai bis Oktober. An Sommerwochenenden herrscht auf dem Sentier des Roches reger Verkehr!

Jardin d'Altitude du Haut Chitelet: Einheimische und fremde Alpenflora finden Liebhaber der Botanik 2 km südlich vom Col de la Schlucht an der Route des Crêtes (Juni bis 30. Sept.)

Nach dem historischen Hauptort nennen die Elsässer das Tal der Fecht westlich von Colmar das Munstertal. Am Zusammenfluss der Großen und Kleinen Fecht entwickelte sich Munster um das im 7. Jh. gegründete Benediktinerkloster *(monasterium Sancti Gregori)*, weshalb das obere

Munstertal bis heute auch Gregoriental oder Val St-Grégoire genannt wird. Ab 1354 gehörte die ›Gemeinde der Stadt und des Tales Münster‹, die bis 1847 einen einzigen Gemeindebann bildete, zum Bündnis der zehn freien Städte des Elsass, und sie funktionierte stolz wie ein eigenständiger kleiner Staat mit eigenen Gesetzen und eigener Verwaltung. Heute ist Munster ein lebendiger Ferienort, Ausgangspunkt vor allem für Sommerwanderungen in den Hochvogesen und seit 1991 Sitz des Parc Naturel Régional des Ballons des Vosges.

Der Sentier des Roches (blaues Rechteck/GR 531), der vor dem Ersten Weltkrieg von dem Munsterer Oberförster Strohmeyer angelegt wurde, beginnt gegenüber dem Hotel Relais des Roches am östlichen Ende des Schluchtpasses: **Col de la Schlucht.** Wir steigen neben der Straße, die von Munster heraufkommt, eine kleine Treppe herunter und halten uns zunächst rechts. Der Weg führt durch den Wald steil am Hang entlang, ist an vielen Stellen in den Felsen gehauen und mit Seilen und Eisengeländern gesichert. Da der Granitboden sehr feucht ist – an den Rinnsalen und Bächlein wachsen im Frühling viele große gelbe Sumpfdotterblumen –, ist der Untergrund oft ziemlich rutschig. Am **Krappenfels,** einer Felsengruppe auf der linken Seite mit schöner Sicht ins Tal, haben wir den beschwerlichsten

Teil der Wegstrecke hinter uns (45 Min.). Der Pfad führt jetzt kontinuierlich durch den Wald abwärts, wir folgen immer dem blauen Rechteck, Richtung Frankenthal.

Bald erblicken wir über uns den kahlen Kamm des Gebirges, erreichen das Ende des Sentier des Roches und gehen dann nach rechts auf dem breiten Forstweg bis zur **Ferme Auberge Frankenthal,** deren Weiden in einem tiefen Talkessel zwischen Martinswand und Hohneck liegen (1.30 Std.). Während auf der Wiese um den Hof im Spätfrühling die gelben Narzissen blühen, bleiben die Schneereste an den Felswänden bis zum Sommer.

Auf einer kleinen Brücke überqueren wir den Bach neben der Alm und steigen in Kehren wieder in den Wald hinauf (blaues Rechteck). Der Weg am felsigen Hang des Kleinen Hohneck – nach dem Sturm Lothar lange gesperrt, aber jetzt wieder begehbar – ist weniger berühmt als der Sentier des Roches, zunächst aber auch nicht gerade ein bequemer Pfad.

Wenn er sich ungefähr 45 Min. nach unserem Abmarsch vom Frankenthal verbreitert (2.15 Std.), können wir bis zum Ortsrand von **Le Gaschney** wieder besser ausschreiten (2.45 Std.). Le Gaschney, über dem Großen und Kleinen Munstertal, ist im Winter viel besuchte Skistation und im Sommer Ziel von zahlreichen Autofahrern. Wir halten uns rechts, kommen an einer großen

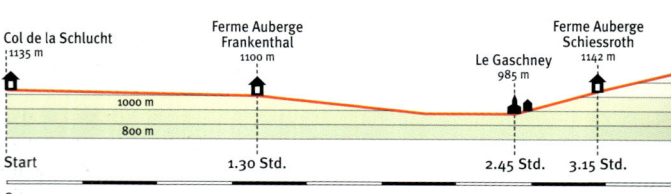

Col de la Schlucht 1135 m	Ferme Auberge Frankenthal 1100 m		Le Gaschney 985 m	Ferme Auberge Schiessroth 1142 m
	1000 m			
	800 m			
Start	1.30 Std.		2.45 Std.	3.15 Std.

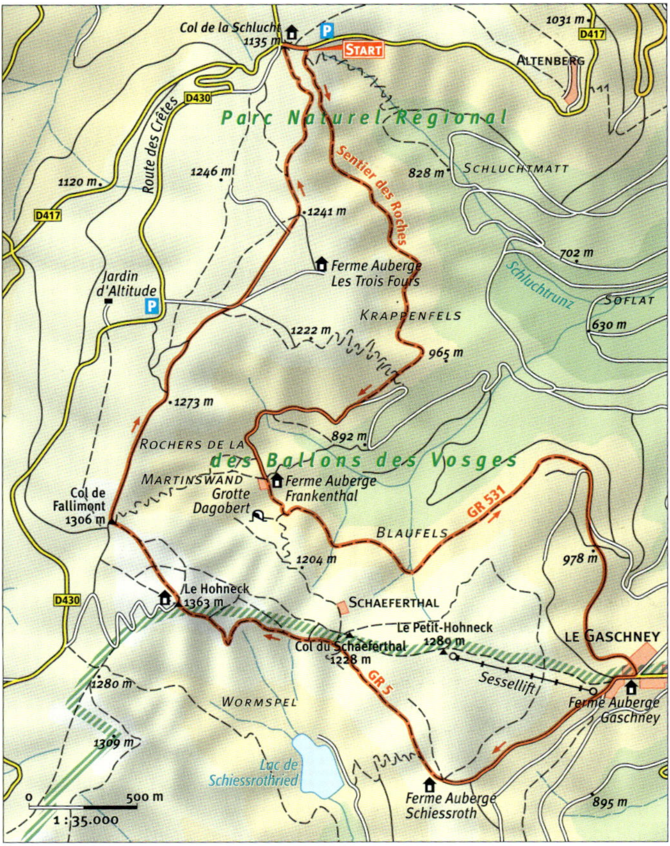

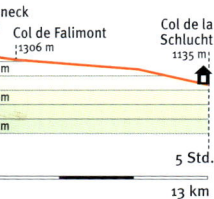

naturkundlichen Informationstafel vorbei und gehen zum weithin sichtbaren Sessellift hinauf (zum Hinterschallern, auch im Sommer in Betrieb), neben dem die Ferme Auberge Gaschney liegt. Oberhalb des Sessellifts finden wir ein großes Holzschild ›**Ferme Auberge Schiessroth** 900 m‹ und dann auch das rotweiß-rote Rechteck des Club Vosgien. Der breite Forstweg ist steil und steinig, im Sommer fehlt der Schatten. Bald nach dem Bergbauerngasthof (3.15 Std.) stoßen wir wieder auf den GR 5 (rotes Rechteck), der vom Lac de Schiessrothried heraufführt. Links unter uns sehen wir den See durch die Bäume schimmern, auf der rechten Seite erhebt

Hochweide im Munstertal

sich über uns der Kleine Hohneck. Am **Col du Schaeferthal** (3.30 Std.) lassen wir die Baumzone hinter uns und steigen über die Bergweiden hinauf zum **Hohneck** (4 Std.). Zur Bekämpfung der Bodenerosion wurde hier 2001 ein Teil der Hochfläche eingezäunt, und der vielbegangene GR führt jetzt außen am Gitter entlang.

Berühmt ist der weite Rundblick vom Hohneck – am westlichen Fuße die lothringischen Seen, nördlich die Schlucht, im Osten das Große und Kleine Munstertal, dahinter die Rheinebene und im Süden die Spitzköpfe und die Belchen. Von 1871 bis 1918 verlief hier über den Gipfel die deutsch-französische Grenze. In den Wäldern um den Hohneck konnte man übrigens noch am Anfang des 19. Jh. Bären begegnen. Auf dem großen Kammweg (GR 5, rotes Rechteck) gehen wir vom Hohneck in nördliche Richtung zum **Col de Fallimont**. 200 lothringische Reiter sollen an dieser Stelle während des Bauernkriegs ins Frankenthal hinabgestürzt worden sein. Unter uns erblicken wir den Etang Noir, einen Moorsee, der allmählich verlandet, und die Martinswand, eine bekannte Kletterwand.

Von der freien Hochfläche, die im Spätfrühling mit weißen Alpenanemonen übersät ist, kommen wir nach einer Weile in niedriges Buchengebüsch, überqueren den Weg zur Ferme Auberge Les Trois Fours und steigen schließlich durch einen schönen Buchenwald zum **Col de la Schlucht** herab (5 Std.).

Bei den Melkern im Munstertal

Von Mittlach zum Kastelberg

Die Gebirgstour führt durch eines der eindrucksvollsten Gletschertäler in den Südvogesen auf die Hochweiden hinauf. In den Fermes Auberges herrscht oft reger Betrieb: Direkt beim Erzeuger kann man hier eine Spezialität, den herzhaften, pikanten Weichkäse, kosten.

DIE WANDERUNG IN KÜRZE

+++
Anspruch

5.30 Std.
Gehzeit

14 km
Länge

Charakter: Lange, z. T. schwierige, steile Wanderung; kräftiger Aufstieg von Mittlach (529 m) zum Rainkopfsattel (1200 m)

Markierung: Rotes Rechteck/GR 5 bis Fischbœdle; blaues Kreuz bis Kerbholz; blaues Rechteck/GR 531 bis Ferme Auberge Firstmiss und Rainkopfsattel; gelbes Kreuz bis Mittlach

Ausrüstung: Bergstiefel und Regenzeug

Wanderkarten: Club Vosgien No. 6/8; IGN TOP25 3618 OT (Le Hohneck, Gérardmer)

Einkehrmöglichkeiten: Gasthäuser in Mittlach und Metzeral. Unterwegs die Ferme Auberge Kastelberg (Tel. 03 89 77 62 25) und die Ferme Auberge Firstmiss (Tel. 03 29 63 26 13); wenn man in der Saison nicht reserviert, sollte man

vorsichtshalber Proviant einpacken

Anfahrt: Von Munster auf der D 10 nach Metzeral, dann auf der D 10 IV bis Mittlach. Parken an der Hauptstraße ein Stück vor der Kirche, gegenüber dem Gasthaus Valneige. Schienenbus Colmar–Munster–Metzeral

Saison: Wanderzeit von Ende Mai bis Mitte Okt.

Musée de la Schlitte et des Métiers du Bois: Das Arbeitsleben der Holzfäller, Köhler und Wagner vor der Mechanisierung zeigt das kleine Museum in Mulbach-sur-Munster (Juli bis Ende Aug.).

Fête de la jonquille: Das Fest wird Mitte April in Mittlach gefeiert, wenn die Narzissen blühen

---

Über das Elsass hinaus ist das kleine Munstertal bis heute durch den nach ihm benannten Munsterkäse bekannt. Dieser herzhafte, pikante Weichkäse, den die Melker seit dem Mittelalter im Sommer auf den Hochweiden hergestellt haben, entsteht in einem Verfahren, das sich bis heute wenig geändert hat. Mit der Landwirtschaft haben sich auch

Viehzucht und Käsefabrikation im 20 Jh. stark gewandelt. Bis heute darf der Munster Géromé, dessen Produktion 1982 etwa 8000 Tonnen betrug, nur in den Vogesen hergestellt werden, aber die Zahl der Melkereien auf den Bergen ist beständig zurückgegangen. Von 1900 Munsterer Bergbauern im Jahr 1940 blieben 1980 nur noch 279. Entsprechend werden nur noch 5 % der Munsterkäse an Ort und Stelle auf der Alm hergestellt.

Die Wanderung beginnt vor dem Gasthof Valneige in **Mittlach,** dem jüngsten Dorf des Munstertals, das um 1770 von katholischen Holzfällern aus Tirol gegründet wurde. Unser Zeichen bis zum Fischbœdle ist das bekannte rote Rechteck (GR 5). Wir überqueren einen Arm der Fecht, nehmen rechts den Chemin de la Wormsa und gehen auf dem Chemin du lièvre (Hasenpfad) neben dem Bach her durch die Wiesen. Nach ungefähr 10 Min. steigen wir auf der linken Seite hinauf in den Wald (die Markierung ist etwas versteckt angebracht), halten uns weiter links und stoßen nach kurzer Zeit auf einen größeren Weg, der von Metzeral heraufführt (20 Min.).

Jetzt beginnt, wieder nach links, der Anstieg über die Moränen der Wormsabachrunz. Eine hübsche Bergwiese mit Birken, Linden, Ei-chen, Maulbeerbäumen geht über in Mischwald, der unterbrochen wird von Geröllhalden. Nachdem der Pfad am oberen Ende des Gletschertals mehrere Male den rauschenden Bach überquert, mündet er auf einen breiten Forstweg. Wir gehen links und erreichen nach etwa 10 Min. den **Fischbœdle** (1.15 Std.), einen aufgestauten Gletschersee, den der Mülhausener Industrielle Jacob Hartmann im 19. Jh. zur Zucht von Forellen anlegen ließ. Ein schmaler Weg führt im Wald am Ufer entlang, im Hintergrund erheben sich die scharfen Zacken der Spitzköpfe.

Am Fischbœdle verlassen wir den GR 5 und wandern über das Kerbholz (blaues Kreuz) zum Kastelbergwasen (blaues Rechteck). Dazu gehen wir vom See einige Schritte zum Forstweg zurück, dann nach rechts und gleich darauf wieder nach rechts auf einem ganz schmalen Pfad in den Wald hinauf. Bis zur ehemaligen Sennerei **Kerbholz** müssen wir kräftig steigen (2 Std.). Das ›Kerben‹ (d. h. das Abschälen der Baumrinde, damit der Baum abstirbt) war früher übrigens ein gebräuchliches Verfahren zur Gewinnung von Weidefläche.

Hinter dem Gebäude stoßen wir auf den GR 531 (blaues Rechteck), wenden uns nach links und gelangen nach einem letzten kurzen Anstieg durch den Wald auf den

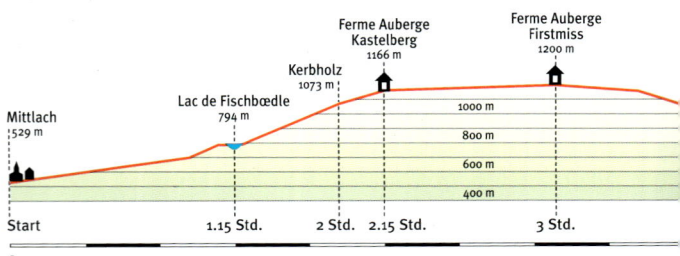

freien Berghang. Unter uns im Tal erkennen wir den Kirchturm von Mittlach, und nach kurzer Zeit erreichen wir die **Ferme Auberge Kastelberg** (2.15 Std.), deren Gäste meist mit dem Auto von der Route des Crêtes herübergefahren sind.

Weiter geht es zum Berggasthof Firstmiss (Ferschmuss), zunächst ca. 10 Min. über die breite steinige Fahrstraße aufwärts (das Schild steht hier nicht direkt am Weg, sondern in der Wiese), dann nach links auf einem schmalen Pfad am Hang entlang. Wir bleiben immer in ungefähr 1200 m Höhe und haben an vielen Stellen eine sehr schöne Aussicht. Gleich nach der direkt an der Kammstraße gelegenen **Ferme Auberge Firstmiss** (3 Std.) kommen wir zur Berghütte Rainkopf, die vom Club

Vosgien Mulhouse unterhalten wird, und zum **Rainkopfsattel.**

An dieser Kreuzung verlassen wir den GR 531 und nehmen den mit einem gelben Kreuz markierten Weg nach Mittlach über den Lac d'Altenweiher. Ein Schild warnt: ›Charakteristischer und felsiger Pfad, im Winter gefährlich‹; das gilt besonders für den sehr steilen und teilweise feuchten Abstieg zum See, der bald nach der verlassenen Alm **Pferreywasen** beginnt (3.30 Std.). Am **Altenweiher** überqueren wir die 1886–93 gebaute Staumauer und folgen dann unterhalb des Damms dem kleinen Bach hinab ins Tal. Nach ungefähr 30 Min. geht der steinige Pfad in eine kleine asphaltierte Straße über und nach weiteren 40 Min. haben wir, immer auf dem linken Ufer der Kolbenfecht, unseren Parkplatz in **Mittlach** wieder erreicht (5.30 Std.).

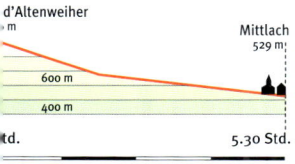

›Belchensystem‹ vor Ort

Um den Petit-Ballon

Von den Hochweiden des Petit-Ballon (Kleiner Belchen oder Kahler Wasen) reicht der Blick weit hinüber zum Rhein und zum Schwarzwald. Viele Berggasthöfe laden dazu ein, die nicht zu lange Gebirgswanderung auch mit größeren Kindern zu versuchen.

DIE WANDERUNG IN KÜRZE

Anspruch: ++

Gehzeit: 2.30 Std.

Länge: 7 km

Charakter: Mittelschwere Gebirgswanderung, die zum größeren Teil über freie Hochweiden führt; Anstieg vom Bœnlesgrab (865 m) zum Petit-Ballon (1272 m)

Markierung: Gelbes Rechteck/GR 532 bis Refuge des Amis de la Nature Rothenbrunnen; rotes Andreaskreuz bis Ferme Auberge Strohberg; roter Punkt bis Col de Bœnlesgrab

Ausrüstung: Bergstiefel und Regenzeug

Wanderkarten: Club Vosgien No. 6/8; TOP25 3719 OT (Grand-Ballon)

Einkehrmöglichkeiten: Berggasthof Bœnlesgrab (Tel. 03 89 71 10 88). Ferme Auberge Kahlenwasen-Petit-Ballon (Tel. 03 89 77 32 49). Ferme Auberge Strohberg (Tel. 03 89 77 56 00). 5 Min. vom Weg entfernt die Ferme Auberge Rothenbrunnen (Tel. 03 89 77 33 08)

Anfahrt: Von Guebwiller auf der D 430 bis Lautenbach. Kurz nach dem Ortsausgang biegt auf der rechten Seite ein gut asphaltierter Forstweg zum Petit-Ballon ab. Parken am Col du Bœnlesgrab

---

Auf der linken Seite des großen Platzes vor dem Gasthof am **Col de Bœnlesgrab** finden wir den Wegweiser mit dem gelben Rechteck (GR 532) ›Schellimatt, Petit-Ballon‹. Der breite Weg führt uns etwa 30 Min. ziemlich steil in den Wald hinauf, dann biegen wir nach links auf einen schmalen Pfad und erreichen dann die Jugendherberge Dynamo auf der

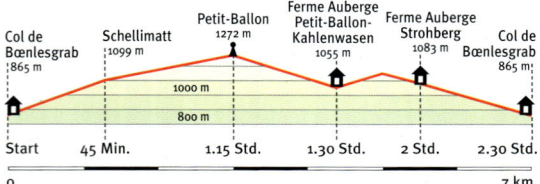

Col de Bœnlesgrab 865 m — Schellimatt 1099 m — Petit-Ballon 1272 m — Ferme Auberge Petit-Ballon-Kahlenwasen 1055 m — Ferme Auberge Strohberg 1083 m — Col de Bœnlesgrab 865 m

1000 m
800 m

Start — 45 Min. — 1.15 Std. — 1.30 Std. — 2 Std. — 2.30 Std.

0 — 7 km

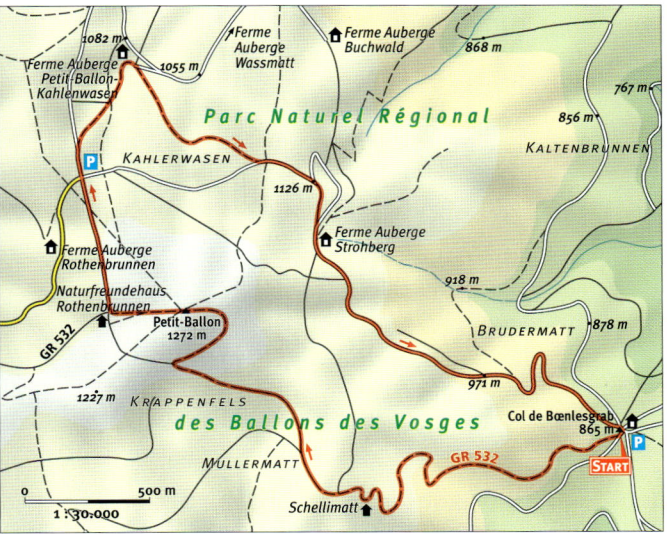

Schellimatt, die etwas abseits auf einer kleinen Wiese gelegen ist (45 Min.). Wir folgen weiter dem gelben Rechteck, lassen den direkten Weg zur Ferme Auberge Strohberg rechts liegen (gelber Kreis und rote Raute), kommen aus dem Wald auf die freien Weiden und wandern weiter bis zur Kreuzung Petit-Ballon-Naturfreundehaus Rothenbrunnen, an der beide Routen mit dem gelben Rechteck bezeichnet sind. Zur Besteigung des **Petit-Ballon** wenden wir uns nach rechts und stehen 10 Min. später auf dem von einer Marienstatue gekrönten kahlen Berggipfel, der einen ganz prächtigen Rundblick bietet (1.15 Std.).

Im Westen, direkt unter uns, sehen wir das **Naturfreundehaus** (Refuge), zu dem wir nun ohne Markierung bequem über die Matten hinabspazieren. Hier führt uns das rote Andreaskreuz auf einem breiten, ebenen Fußweg nach rechts bis zur Fahrstraße, ein kleines Stück auf

dieser geradeaus und dann nach rechts über die Wiesen zur **Ferme Auberge Petit-Ballon-Kahlenwasen,** die schon von weitem sichtbar ist (1.30 Std.).

Hat man morgens kein Glück bei der Tischreservierung gehabt, so kann man auf der Autostraße ein Stückchen nach links gehen und in der nahen Ferme Auberge Rothenbrunnen einkehren – nicht zu verwechseln mit dem Naturfreundehaus gleichen Namens (Hin- und Rückweg 10 Min.).

Von der Ferme Auberge Petit-Ballon geht es weiter mit dem roten Andreaskreuz, Richtung ›Strohberg, Bœnlesgrab‹. Der schmale Pfad, der über die Wiesen wieder zum Wald hinaufführt, beginnt hinter dem Gasthof und ist zu Beginn nicht besonders gut bezeichnet (ggf. im Hof fragen) – wenn wir uns auf der Wiese links halten, finden wir die Markierung jedoch bald auf einem Stein am Boden. Ca. 10 Min. nach

Blick vom Petit-Ballon in die Rheinebene

der Ferme Auberge biegen wir nach links auf einen breiten Fußweg und erreichen, immer dem roten Andreaskreuz folgend, in weiteren 10 Min. einen dritten Bauerngasthof, die **Ferme Auberge Strohberg** (2 Std.). Ein geschotterter Weg, der mit dem roten Punkt markiert ist, führt uns von hier in einer halben Stunde bequem zurück zum Ausgangspunkt der Wanderung, dem Gasthof am **Col de Bœnlesgrab** (2.30 Std.). Während des ganzen Abstiegs haben wir noch einmal einen besonders schönen Blick auf den gegenüberliegenden Schwarzwald mit dem davor gelagerten Kaiserstuhl.

Das ›keltische Belchensystem‹

Belchen, französisch *ballon,* heißen gleich fünf verschiedene Berge um den südlichen Oberrhein: der Jurabelchen bei Olten, der Belchen im Schwarzwald und Grand-Ballon, Petit-Ballon und Ballon d'Alsace in den Vogesen. Eine ganz erstaunliche, astronomisch-geometrische Bezie-

hung dieser Belchengipfel zueinander ergaben originelle Messungen, die zwei Forscher aus dem Badischen in den 1980er Jahren durchgeführt haben. Danach erblickt man auf dem Ballon d'Alsace bei klarer Sicht den Sonnenaufgang zum Mittsommer genau über dem Petit-Ballon, zur Zeit der Tagundnachtgleiche über dem Schwarzwaldbelchen, und zum Mittwinter geht die Sonne über dem Jurabelchen auf.

Die Entdecker dieses verblüffenden ›Belchensystems‹ plädieren dafür, dass wir es hier mit einem astronomisch-kalendarischen Ortungssystem der Kelten zu tun haben – verwandt mit den Kalenderheiligtümern der Megalithkulturen (Stichwort Stonehenge). Durch genaue Beobachtung der Sonne und geometrische Messungen hätten die Kelten das ihnen bekannte Sonnenjahr mit der geografischen Lage der Belchen in Verbindung gebracht, und die fünf Berge gleichen Namens seien danach dem keltischen Sonnengott Belenus oder Bel(a)kus geweiht gewesen.

Zum höchsten Berg des Elsass

Von der Abteikirche in Murbach auf den Grand-Ballon

Das Tal der Lauch stand einst unter der Herrschaft der mächtigen Reichsabtei Murbach. Von den Ruinen der romanischen Stiftskirche führt der Weg auf den Grand-Ballon, der mit seinen 1424 m der höchste Berg des Elsass ist.

DIE WANDERUNG IN KÜRZE

+++
Anspruch

5.30 Std.
Gehzeit

19 km
Länge

Charakter: Lange, anstrengende Wanderung; zwischen Murbach (445 m) und dem Grand-Ballon ein Höhenunterschied von fast 1000 m

Markierung: Blauer Punkt bis Munsteraeckerle; rot-weiß-rotes Rechteck bis Ferme Auberge Gustiberg; blaues Kreuz bis Lieserwasen; rot-weiß-rotes Rechteck bis Col de Wolfsgrube; roter Punkt bis Murbach

Ausrüstung: Bergstiefel und Regenzeug

Wanderkarten: Club Vosgien No. 6/8; TOP25 3719 OT (Grand-Ballon)

Einkehrmöglichkeiten: In Murbach Auberge de l'Abbaye und Hostellerie St-Barnabé. Auf dem Grand-Ballon gibt es einen Self Service und das wieder eröffnete Hotel-Restaurant des Club Vosgien (Tel. 03 89 48 77 99), beide sind im Sommer tägl. geöffnet. Unterwegs laden zwei Gasthöfe ein: die Alm Rœdelen (Tel. 03 89 76 90 19) und die Ferme Auberge Gustiberg (Tel. 03 89 74 05 01)

Anfahrt: Von Guebwiller auf der N 430 bis zum Ortseingang von Buhl und dort auf die D 40 II nach Murbach. Großer Parkplatz vor dem Klostertor auf der linken Straßenseite

Wandersaison: Wanderzeit ist von Mitte Juni bis Anfang Oktober

Kirchen: In Guebwiller haben sich gleich drei bemerkenswerte Kirchen erhalten: die um 1200 entstandene romanische Kirche **St-Léger**, die im 18. Jh. von den Murbacher Stiftsherren errichtete Kirche **Notre-Dame** und die ehemalige **Dominikanerkirche** (Anfang 14. Jh.), in der im Sommer klassische Konzerte stattfinden

Musée du Florival: Keramiken des aus Guebwiller gebürtigen Théodore Deck (1823–91), aber auch eine Sammlung alter Ansichten, die die Abtei Murbach vor ihrem Abbruch zeigen

Vor der romanischen Abteikirche von **Murbach** erhebt sich das mit dem Murbacher Hund geschmückte barocke Klostertor, und gleich dahinter hängt an einem Zaun die alte, aber nützliche Orientierungstafel des Club Vosgien. Sie zeigt uns unser erstes Ziel, das Munsteraeckerle (Markierung: blauer Punkt).

Wir gehen also das linke Sträßchen hinauf, das in einem Bogen um den ehemaligen Klostergarten herumführt, und überqueren nach ungefähr 5 Min. den kleinen Bach zu unserer Linken. Auf mehr oder weniger steilen Pfaden steigen wir jetzt – immer mit dem blauen Punkt – in den Wald hinauf und erreichen ca. eine Viertelstunde nach unserem Abmarsch vom Parkplatz den kahlen Sattel des **Munsteraeckerles.** Hier teilt sich der Weg zum Judenhutplan in eine Süd- (Ebeneck) und eine Nordroute (›Rocher de Waldeck‹, schattig; die Südroute ist auf der Karte gestrichelt dargestellt). Beide Wege sind ausreichend markiert (rot-weiß-rotes Rechteck).

Nach ca. 1 Std. haben wir den **Col de Judenhut** erreicht (1.45 Std.). Der Platz, eine größere Bergwiese mit Bänken, einer Hütte des Club Vosgien und dem Schlumbergerbrunnen, gehört zu den wichtigsten Kreuzungen unterhalb des Grand-Ballon, und wir wählen zum Aufstieg den

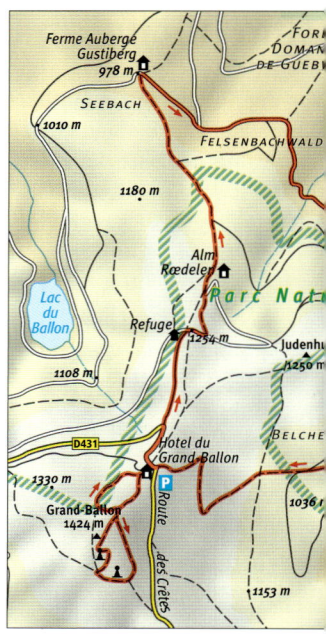

Pfad, der am Brunnen vorbeiführt (›Ferme du Ballon, Grand-Ballon‹, rot-weiß-rotes Rechteck). Wenn sich der Weg durch den Belchenwald nach ca. 30 Min. teilt (2.15 Std.) – links führt die rote Raute zur Ferme du Ballon –, wandern wir mit dem rot-weiß-roten Rechteck weiter geradeaus, kommen gleich darauf an einem Skilift vorbei und erreichen 20 Min. später auf der freien Höhe den

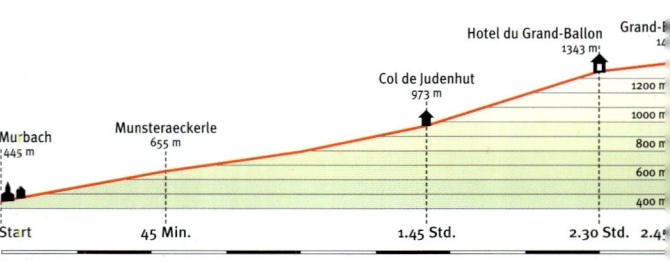

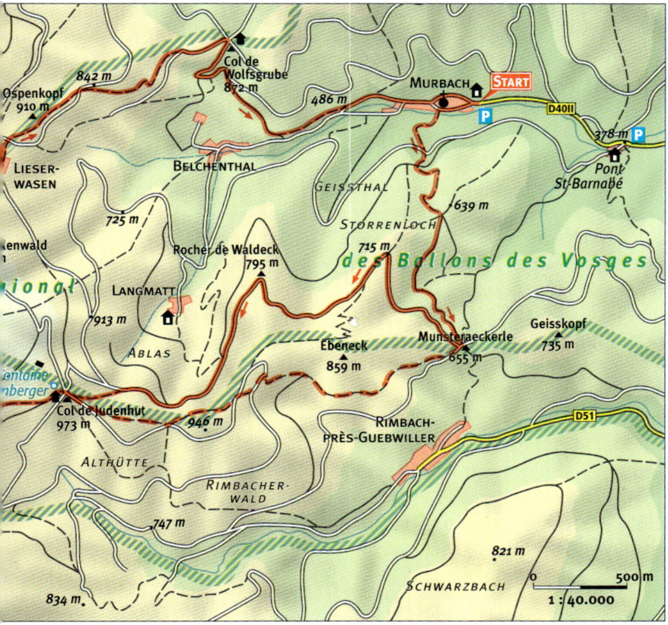

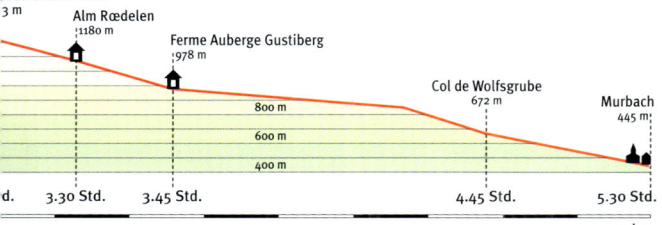

Self Service des Grand-Ballon. Gegenüber, auf der anderen Seite der Route des Crêtes, liegt das große **Hotel du Grand-Ballon** des Club Vosgien (2.30 Std.), und von hier steigen wir in einer knappen Viertelstunde zum Gipfel des **Grand-Ballon** empor (2.45 Std.). Die Sicht über das Rheintal bis hin zu den Schweizer Alpen ist zu Recht berühmt und wird auf einer Panoramatafel erklärt.

Wieder zurück am Hotel folgen wir der Route des Crêtes in Richtung ›Markstein, Col de la Schlucht‹ bis zur ersten großen Kurve. Hier verlassen wir die Autostraße und wandern mit dem rot-weiß-roten Rechteck geradeaus, Richtung ›Ferme Auberge Rœdelen, Gustiberg‹. Am **Rœdelen** müssen wir aufpassen: wir gehen zunächst rechts (›Gustiberg, Lac du Ballon‹) und gleich darauf wieder

139

links (›Ferme Auberge Rœdelen, Gustiberg‹) – geradeaus könnten wir direkt über den Judenhut nach Murbach absteigen. Ungefähr 10 Min. nach dem Rœdelen erreichen wir die **Alm Rœdelen** und ca. 20 Min. später die **Ferme Auberge Gustiberg** (3.45 Std.). Der Weg über die freien Hochflächen der Almen, im Frühsommer mit Alpenanemonen und Stiefmütterchen übersät, gehört zu den schönsten Abschnitten der Wanderung.

Nach dem Gustiberg tauchen wir wieder in den Wald und steigen nun auf dem mit dem blauen Kreuz markierten breiten Forstweg ungefähr eine halbe Stunde bequem abwärts. Wenn wir 5 Min. nach der Abzweigung zum Schutzle (4.15 Std.) unter uns die Häuser der ehemaligen Alm **Lieserwasen** erblicken, müssen wir uns nach links wenden und erreichen auf dem rot-weiß-rot bezeichneten Pfad, der teilweise steil durch den Wald herabführt, in einer weiteren halben Stunde den **Col de Wolfsgrube** (4.45 Std.), wo wir noch einmal einen Unterstand und einen Brunnen finden. Für das letzte Wegstück folgen wir dem roten Punkt, zunächst auf einem breiten Weg, dann rechts hinunter auf einem steinigen Pfad. Bei Belchenthal kommen wir aus dem Wald auf die geteerte Straße und gehen nun talabwärts in einer Viertelstunde bequem nach **Murbach** zurück (5.30 Std.). Zur Besichtigung der Abtei müssen wir uns im Ort links halten.

Die Abteikirche von Murbach

Als eine der mächtigsten Abteien im oberen Rheintal spiegelt die Kirche in ihren vielfältigen Geschicken die elsässische Geschichte wider.

Die Äbte werden zu Beginn des 13. Jh. in den Reichsfürstenstand erhoben. Sie bauen eine Grundherrschaft im Lauch- und Thurtal auf, errichten Burgen und befestigen ihre Städte Gebweiler und St. Amarin. Nach der Niederschlagung des Bauernaufstandes wird Murbach im 16. Jh. ein fester Stützpunkt der Habsburger im südlichen Elsass und ein Zentrum der katholischen Gegenreform. 1680, nach der Beendigung des Dreißigjährigen Krieges, fällt das Fürstentum an Frankreich. Die Mönche, denen die Abgeschiedenheit ihrer Wälder immer weniger gefällt, erreichen 1764 die Umwandlung des Benediktinerklosters in ein weltliches Ritterstift, und sie ziehen in ihre Stadt Gebweiler, wo die Liebfrauenkirche mit Murbacher Baumaterial errichtet wird. Einen Teil der ehemaligen Abteikirche überlässt man dem Dorf Murbach, das eine neue Pfarrkirche benötigt. Nur wenige Jahre später beendet die Französische Revolution die tausendjährige Geschichte der Abtei: Das Ritterstift wird aufgehoben und das fürst-äbtliche Schloss 1789 von den Bauern geplündert.

Im stillen Waldtal überraschen die hoch aufragenden, gewaltigen Reste der ehemaligen Stiftskirche den heutigen Besucher. Nach dem Abriss des Langhauses im 18. Jh. bleiben das Querhaus, über das sich zwei quadratische Türme erheben, und der flach geschlossene, durch sechs Fenster gegliederte Chor mit den beiden Nebenchören. Die Monumentalität der Architektur, die klare Außengliederung, die Schönheit der Quaderbehandlung, die Fantasie des plastischen Schmucks machen die im 12. Jh. entstandene Anlage zu einem Meisterwerk romanischer Kunst am Oberrhein.

Blutiges Schlachtfeld

Um den Hartmannswillerkopf und über Burg Freundstein zur Ferme Auberge Molkenrain

Der Hartmannswillerkopf hat als Kriegsschauplatz des Ersten Weltkriegs traurige Berühmtheit erlangt. 60 000 französische und deutsche Soldaten sind beim Kampf um den Berg gefallen. Die Franzosen errichteten am Col du Silberloch ein großes Nationaldenkmal.

DIE WANDERUNG IN KÜRZE

+++
Anspruch

4.15 Std.
Gehzeit

13 km
Länge

Charakter: Rundgang über das Schlachtfeld: von Schleife 7 (885 m) zum Gipfel (956 m) beschwerlicher Aufstieg durch ehemalige Schützengräben; dann mittelschwere Bergwanderung

Markierung: Rot-weißrotes Rechteck und roter Ring (mit Unterbrechungen!) für den Rundgang über das Schlachtfeld; rotes Rechteck bis Burg Freundstein; rot-weißrotes Rechteck bis Ferme Auberge Molkenrain; rotes Rechteck bis Col du Silberloch

Ausrüstung: Taschenlampe zur Besichtigung der Unterstände nicht vergessen

Wanderkarten: TOP25 3719 OT (Grand-Ballon); es gibt auch eine Spezialkarte im Maßstab 1:7500 in der durch die Amis du Hartmannswillerkopf herausgegebenen Broschüre »Le Hartmannswillerkopf« (1995; über den Club Vosgien oder im Kiosk am Col du Silberloch). Auf der TOP25-Karte sind nicht alle Wege eingezeichnet, die zweite Karte ist sehr detailliert

Einkehrmöglichkeiten: Am Col du Silberloch ein kleines Gasthaus. Ferme Auberge Freundstein (Tel. 03 89 82 31 63). Ferme Auberge Molkenrain (Tel. 03 89 81 17 66); hier drehte François Truffaut 1961 einen Teil seines Films »Jules et Jim« mit Jeanne Moreau

Anfahrt: Der Hartmannswillerkopf liegt am südlichen Ende der Route des Crêtes (D 431) zwischen dem Grand-Ballon und Uffholtz. Parken am Col du Silberloch

Tipp: Der anderthalbstündige Rundgang über das Schlachtfeld ist auch ohne die folgende Wanderung zu machen. Führungen über das Schlachtfeld im Juli/ Aug. am Mi nachmittag (Tel. 03 89 75 50 35)

Diese Tour besteht aus zwei Teilen: einem Gang über das Schlachtfeld am Hartmannswillerkopf (Vieil-Armand) und einer Wanderung durch die intakte Landschaft zu den beiden nahe gelegenen Fermes Auberges. Die Gedenkstätte, zu der auch ein kleines Museum gehört, zieht im Sommer zahlreiche Besucher an, der folgende Wanderweg ist ruhiger.

Der Rundgang beginnt am **Col du Silberloch,** an der Orientierungstafel am unteren Ende des Nationalfriedhofs. Wir folgen zunächst dem Wegweiser ›Monument du 152ème R.I.‹ (rot-weiß-rotes Rechteck), der uns auf einem breiten, steinigen Weg durch niedrigen Laubwald und Gebüsch in Richtung Gipfel führt. Nach ungefähr 10 Min. biegen wir mit dem roten Ring nach rechts auf einen schmalen Pfad (›Monument du 152ème R.I. par abri du 2ème Génie‹), auf dem wir einen der wenigen gut erhaltenen französischen Unterstände besichtigen können. Am Boden immer wieder Reste von Stacheldraht, verbogene Eisenstangen, Gräben, dazwischen roter und gelber Fingerhut. Ein Stück weiter auf der linken Seite ein Schild ›Premières lignes françaises – allemandes‹: Hier verlief auf nur wenige Meter Entfernung die deutsch-französische Front 1916–18: im Westen die Franzosen, im Osten die Deutschen.

Es folgen eine Reihe befestigter Stellungen, die man mit einer Taschenlampe besichtigen kann: Bremer Ratskeller, Schweinsberg-Graben, Rohrburg, Feste Grossherzog. Nach dem **Bremer Ratskeller** (20 Min.) stoßen wir wieder auf den großen Weg zum hart umkämpften Aussichtsfelsen, der östlichen Kuppe des Gebirgszuges, die von den Deutschen gehalten wurde. Vom 1919 errichteten großen Kreuz aus umfasst unser Blick weite Teile des Oberrheintals, vom Schwarzwald bis zum Jura – die Bedeutung des Berges als strategischer Beobachtungsposten lässt sich gut erkennen. An der Felswand unterhalb des Gipfels befindet sich das **Kriegerdenkmal des 152. Französischen Infanterieregiments,** das in einer Großoffensive im Dezember 1915 über die Kuppe vorstoßen konnte: fünf stürmende Soldaten mit Granate und gezücktem Bajonett, und der Frieden ist noch weit! Seit unserem Abmarsch von der Orientierungstafel ist ungefähr eine halbe Stunde vergangen.

Unterhalb des französischen Denkmals steigen wir nach rechts auf dem rot-weiß-rot markierten Hauptweg (›Jägerdenkmal direct‹) in 10 Min. durch den Wald abwärts zum **Jägerdenkmal.** Die Inschriften erinnern an Regimenter aus ganz Deutschland, deren Soldaten auf dem Hartmannswillerkopf gefallen sind: aus Baden, aus Württemberg, aus Aachen, aus Potsdam, aus dem

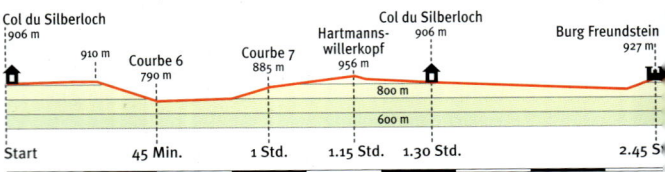

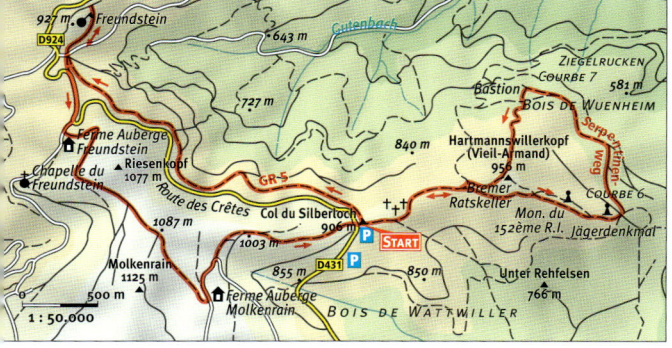

Großherzogtum Mecklenburg, aus dem Herzogtum Lauenburg.

Unser nächstes Ziel ist die Courbe (Schleife) 6 des großen Serpentinenwegs, den die Deutschen 1915 zum Transport von Truppen und Material anlegten. 1000 Mann arbeiteten damals am Bau dieser wichtigen Verbindung. Wir folgen dem Schild »Courbe 6 par abris-cavernes« auf einem schmalen Pfad nach links und gleich darauf nach rechts in den Wald hinunter (nicht zu verwechseln mit dem ebenen Weg: ›Sentier des Roches/Felsenweg‹) und erreichen bald die **Courbe 6** direkt unterhalb eines Bunkers (45 Min.).

Auf dem breiten, leicht ansteigenden Weg wandern wir jetzt wieder nach links etwa eine Viertelstunde bequem durch hohen Mischwald (rot-weiß-rotes Rechteck) bis zur **Courbe 7,** der siebten und letzten Schleife des Serpentinenwegs (1 Std., das Schild ›Bastion, voie serpentine courbe 7‹ steht auf der linken Seite). Am Berg sind hintereinander eine Reihe von Unterständen, einfache offene Wellblechbaracken, in den Hang eingelassen.

Der nun folgende Abschnitt zwischen der Courbe 7 und dem Gipfel, das Gebiet der Bastion, des Bischofshuts und des Ziegelrückengrabens war »unzweifelhaft die jeweils entscheidende Frontstelle auf dem Berg«. Von hier haben die deutschen Truppen den erfolgreichen zweiten und dritten Vorstoß zum Gipfel unternommen. Sehen wir uns die Überreste, die noch heute beeindrucken, selber an! Der Weg ist zunächst nicht besonders markiert, führt zur Linken des Serpentinenwegs über Treppen und Schützengräben steil bergan. Wir gehen zunächst geradeaus, nach ungefähr 2 Min. halten wir uns links und erreichen gleich darauf die **Bastion.** Hier benutzen wir die linke Treppe zum Bischofshut, der direkt über der Bastion liegt, halten uns weiter links zum Unterstand Friedensengel und dann nach rechts zum Ziegelrückenstollen. Während der schweren Kämpfe im Januar 1916

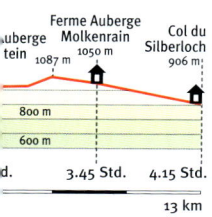

Nationalfriedhof am Col du Silberloch

explodierte hier die gesamte aufgestapelte schwere Munition (ein weiter unten stehender deutscher Minenwerfer hatte zu kurz geschossen) und begrub über 60 Soldaten, die sich im Stollen befanden. Am **Zie-**

gelrückenstollen stoßen wir wiede auf den mit dem roten Ring markier ten Rundweg. Wir folgen ihm nach rechts, gehen bald danach gerade aus unter der Erde durch den **Ziegel rückengraben** und halten uns nach dem **Cäcilien-Graben** im Gewirr der Stollen links. Wir können uns bald an dem 22 m hohen Betonkreuz auf dem Gipfel des **Hartmannswillerkopf** (Vieil-Armand) orientieren, zu dem wir in wenigen Minuten emporsteigen (1.15 Std.). Auf dem Plateau zeigt ein Gedenkstein die Grenze der französischen Front, daneben ein halb in die Erde gegrabener, gepanzerter Beobachtungsstand. Zu Beginn der Kämpfe, im Winter 1914/15, wuchsen auf dieser Kuppe riesige alte Tannen, und die französischen Alpenjäger schossen aus den Wipfeln der Bäume. Heute wächst auf dem Plateau nur noch verkrüppeltes Buschwerk. Über den mit dem rot-weiß-roten Rechteck markierten breiten Weg erreichen wir in 10 Min. wieder die Orientierungstafel hinter dem Friedhof und steigen in weiteren 10 Min. zum Parkplatz am **Col du Silberloch** hinauf (1.30 Std.).

Hier beginnt der zweite Teil unserer Tour. Auf der Route des Crêtes gehen wir einige Schritte nach rechts, bis uns das rote Rechteck (GR 5) auf der rechten Seite in den Wald hinunter führt. Der schmale Pfad, der ungefähr parallel zur Kammstraße verläuft, ist steinig und stellenweise feucht. Im Unterholz gedeihen üppige Himbeersträucher, ein Stück weiter ist der lichte Waldboden von einem dichten Teppich von gelbem Springkraut (Rührmichnichtan) bedeckt. Nur selten gibt es Ausblicke auf den Grand-Ballon oder die Rheinebene. Nach ungefähr einer Stunde stoßen wir auf eine Wiese an der Route des Crêtes, von der wir einen lohnenden Abstecher zu den Ruinen von **Burg Freundstein** machen können (2.45 Std., rotes Rechteck, hin und zurück 20 Min.). Die im Bauernkrieg zerstörte Burg gehört zu den höchstgelegenen des Elsass, und

der nicht ganz leicht zu erkletternde Bergkegel bietet einen vorzüglichen Rundblick: vom Kreuz auf dem Hartmannswillerkopf über die Rheinebene, den Grand-Ballon und das Thurtal bis hin zur **Ferme Auberge Freundstein.** Dieser Berggasthof ist nun unser nächstes Ziel, und wir erreichen ihn von der schon erwähnten Wiese aus mit dem rot-weiß-roten Rechteck (3.15 Std.). Zuerst gehen wir über eine Weide, und dann wandern wir ein Stückchen auf der Route des Crêtes.

Den Wegweiser ›Molkenrain, Vieil-Armand‹, ebenfalls rot-weiß-rotes Rechteck, finden wir rechts vom Gasthof an einem Viehgatter. Ein schmaler Pfad führt in Kehren über eine Wiese steil in den Wald hinauf – eventuell müssen wir an einer Stelle unter einem elektrisch geladenen Zaun hindurchkriechen. Wenn wir wieder auf freies Weideland gelangen, wird der Weg flacher, um dann erneut kräftig anzusteigen. Von der Höhe sehen wir dann unter uns am Hang die **Ferme Auberge Molkenrain,** wo wir noch einmal rasten können (3.45 Std.). Dieses Wegstück zwischen den beiden Berggasthöfen mit dem auf und ab über Wiesen und Weiden, den mächtigen Wetterbuchen und dem weiten Blick ins Thur- und Rheintal gehört zu den landschaftlich schönsten der Wanderung. Mit dem roten Rechteck steigen wir endlich in einer halben Stunde bequem zum Parkplatz am **Col du Silberloch** hinunter (4.15 Std.) – zuerst ein kleines Stück auf der geteerten Straße und dann in der ersten Kurve auf einem Fußpfad geradeaus in den Wald.

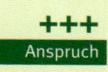

Urige Berggasthöfe im Thurtal

Über den Rossberg und den Thanner Hubel

Die sehr schöne Gebirgswanderung über die Hochweiden von Rossberg und Thanner Hubel bietet einen weiten Blick ins Thur- und Dollertal. Die Fermes Auberges am Weg haben ihre Ursprünglichkeit bewahrt: Die Suppe kocht hier noch über dem offenen Feuer.

DIE WANDERUNG IN KÜRZE

+++
Anspruch

Charakter: Gebirgswanderung durch den Wald und über freie Matten; kräftiger Aufstieg vom Col du Hundsrucken (748 m) zu den Vogelsteinen (1181 m)

4 Std.
Gehzeit

Markierung: Rotes Rechteck/GR 5 bis Ferme Auberge Belacker; rotes Dreieck bis Kreuzung am Sentier Alfred Bucher; rotes Rechteck bis Col du Hundsrucken

13 km
Länge

Ausrüstung: Bergstiefel und Regenzeug

Wanderkarte: Club Vosgien No. 6/8; IGN-TOP25 3620 ET (Thann, Masevaux)

Einkehrmöglichkeiten: Ferme Auberge Belacker (Tel. 03 89 82 34 20). Ferme Auberge Gsang (Tel. 03 89 38 96 85). Ferme Auberge Thanner Hubel (Tel. 03 89 38 11 93)

Anfahrt: Der Col du Hundsrucken liegt an der Route Joffre (D 14 bis) zwischen Masevaux und Bitschwiller-lès-Thann. Parkplatz am Col. Nächste Bahnstation Thann (am GR 5, bis zum Col du Hundsrucken ca. 1.30 Std.)

Saison: Wanderzeit von Ende Mai bis Anfang Oktober

Gegenüber dem Parkplatz am **Col du Hundsrucken** befindet sich eine Orientierungstafel, und dahinter beginnt der Sentier Alfred Bucher, ein Teilstück des GR 5 (rotes Rechteck), dem wir bis zur Ferme Auberge

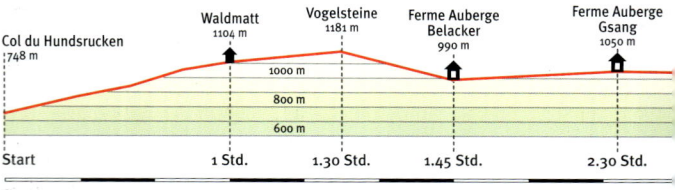

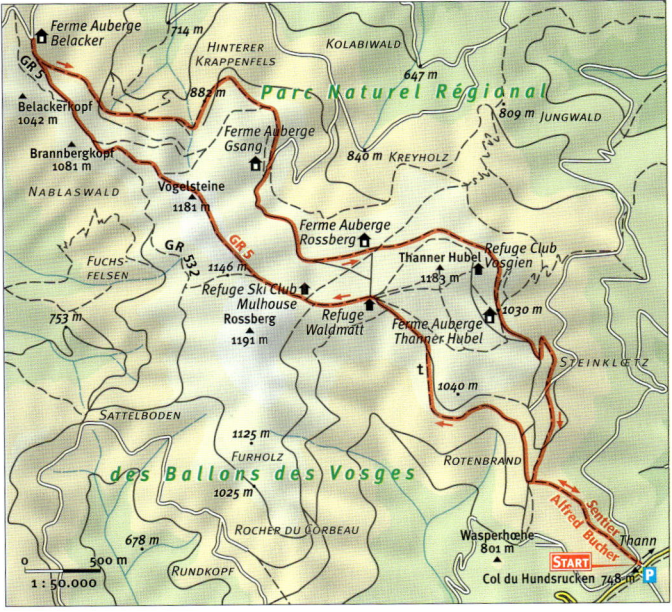

Belacker folgen werden. Nach einem kräftigen Anstieg durch den Wald überqueren wir eine Lichtung (20 Min.) und gehen geradeaus weiter in Richtung ›Rossberg, Vogelsteine, Belacker‹. Wenn wir rechts über uns einen kleinen Bildstock erblicken, treten wir bald aus dem Wald hinaus auf die Hochweiden. Wir folgen dem breiten Weg ca. 10 Min. die Wiese hinauf bis zur **Schutzhütte Waldmatt** des Ski-Clubs Rossberg, die gut sichtbar vor uns auf dem Col du Rossberg liegt, zwischen dem

Thanner Hubel und dem Rossberg (1 Std.). Hinter dieser Hütte biegt der GR 5 scharf nach links. Wir übersteigen den Zaun, gehen ein Stück daneben her, lassen eine zweite Schutzhütte, Refuge du Ski Club Sportif de Mulhouse, rechts liegen und wandern dann auf der Nordflanke des Rossbergs über die mit Wetterbuchen besetzten Hochweiden bis zu den **Vogelsteinen,** interessante Überreste eines kleinen Vulkans aus dem Erdaltertum (1.30 Std.). Zwischen dem Tal von Thann im Norden und dem Tal von Masevaux im Süden bietet sich hier ein ganz vorzüglicher Aussichtspunkt. Anschließend führt der Weg über felsiges Gestein ziemlich steil in die Tiefe – bei Feuchtigkeit Rutschgefahr! Bald taucht unter uns inmitten der Hochweiden die **Ferme Auberge Belacker** auf, die uns nun als Orien-

147

Weisewirtschaft in den Südvogesen

tierung dient (1.45 Std). Am Belacker verlassen wir den GR 5 und wandern mit dem roten Dreieck in südöstliche Richtung zur Ferme Auberge Gsang. Der schmale Pfad, der bald wieder in den Bergwald mündet, kreuzt wiederholt breitere Forstwege, und wir müssen auf die Markierung achten. Gleich nach der Überquerung eines Baches kommen wir am **Hinteren Krappenfels** vorbei.

Wenn wir aus dem Wald treten, sehen wir zunächst in einiger Entfernung die Ferme Auberge Rossberg und die Schutzhütte Waldmatt, die uns schon vom Hinweg bekannt ist; bald darauf liegt direkt vor uns die **Ferme Auberge Gsang** (2.30 Std.). Weiter geht es mit dem roten Dreieck zur **Ferme Auberge Rossberg,** die die leider nicht mehr bewirtschaftet wird (2.45 Std.). Jetzt müssen wir aufpassen. Hinter den Gebäuden führt der nicht markierte Weg zunächst weiter geradeaus – nicht den rot-weiß-rot markierten Pfad nach Willer hinunter nehmen!

Bald darauf stoßen wir dann wieder auf das rote Dreieck, das uns nach links zur **Ferme Auberge Thanner Hubel** weist, die wir in einer Viertelstunde erreichen (3 Std.). Neben dem Haus steht ein prächtiger Ahornbaum mit einer Bank, und von hier haben wir, bevor wir wieder endgültig in den Wald hinuntersteigen, noch einmal den weiten Blick auf die Rheinebene.

Vom Thanner Hubel gehen wir Richtung Col du Hundsrucken geradeaus an der Vorderfront des Hofes vorbei zum Waldrand und folgen dann weiter aufmerksam dem roten Dreieck. Bald beginnt das steinigste Stück unserer Wanderung: die großen roten Felsen am Wegesrand heißen schlicht ›Steinklœtz‹, und wahrscheinlich sind wir froh, wenn wir die Lichtung am **Sentier Alfred Bucher** wieder erreichen. Hier schließt sich der Kreis, und wir steigen auf dem GR 5 (rotes Rechteck) zum Parkplatz am **Col du Hundsrucken** hinunter (4 Std.).

Eiszeitseen im Dollertal

Zu den beiden Neuweihern und zum Lac des Perches

Die urtümlichen Eiszeitseen im südlichsten Gebirgstal der Vogesen kann man nur zu Fuß über steinige Saumpfade erreichen. Tannen- und Wetterbuchenwälder, steile Hänge mit Steinlawinen und weite Hochweiden verleihen der Landschaft ihren alpinen Charakter.

DIE WANDERUNG IN KÜRZE

+++
Anspruch

5.30 Std.
Gehzeit

17 km
Länge

Charakter: Lange, anstrengende Gebirgswanderung mit schwierigen und feuchten Abschnitten; von Ermensbach (544 m) zum Rouge Gazon (1100 m) ist ein tüchtiger Höhenunterschied zu überwinden

Markierung: Blauer Punkt bis Petit-Neuweiher und Grand-Neuweiher; blaues Rechteck/GR 531 bis Col des Perches; rotes Rechteck/GR 5 bis Col des Charbonniers; blaues Dreieck bis Ermensbach

Ausrüstung: Bergstiefel und Regenzeug

Wanderkarten: Club Vosgien No. 7/8 (im Druck); IGN TOP25 3620 ET (Thann, Masevaux)

Einkehrmöglichkeiten: Hotel Ferme-Restaurant Rouge Gazon (Tel. 03 29 25 12 80). Ferme Auberge Gresson Moyen

(Tel. 03 89 82 00 21)

Anfahrt: Von Masevaux auf der D 466 bis Oberbruck, dort in Richtung Rimbach auf der D 14 bIII. Nach ca. 1 km links nach Ermensbach abbiegen. Parken gleich nach der Abzweigung auf dem großen Platz an der linken Straßenseite. Oberhalb dieses Parkplatzes ist das Parken verboten

Saison: Wanderzeit von Ende Mai bis Ende Sept.

Angeln: Angler finden in den Gebirgsseen Forellen und Karpfen. Für den Fang des seltenen Seesaiblings *(omble)* gelten besondere Bestimmungen. Genaue Auskunft und den notwendigen Angelschein gibt es für den Lac des Perches im Berggasthof Rouge Gazon und für die beiden Neuweiher im Office de Tourisme von Masevaux

---

Vom Parkplatz gehen wir die schmale Straße nach **Ermensbach** hinauf, kommen an der Kapelle Unserer Lieben Frau vorbei und biegen dann nach rechts in die Rue de la Mine (10 Min.). Hier finden wir unsere Markierung, den blauen Punkt. Nach den letzten Häusern überquert der Pfad eine Wiese auf der linken Seite der Straße und führt bald darauf steil in den **Riesenwald** hoch. Stege aus Baumstämmen überbrücken kleine Rinnsale, zwischendurch gibt es immer wieder schöne Ausblicke auf die Hochweiden von Gresson, über die wir zurückkommen werden. Ungefähr 1 Std. brauchen wir bis zum **Petit-Neuweiher,** der vom 10 m höher liegenden **Grand-Neuweiher** durch einen Damm getrennt wird. Wir gehen links am Ufer des kleinen Weihers entlang und dann am Bach zum großen Weiher hinauf.

Unsere neue Markierung, das blaue Rechteck (GR 531), führt uns jetzt nicht zur Schutzhütte des Alpenvereins, sondern nach rechts über den Damm und anschließend steil den mit Maulbeerbüschen, Heide und Heidelbeersträuchern bewachsenen Felshang hinauf. Durch einen schönen Wetterbuchenwald gelangen wir dann zur **Moyenne Bers** (1.45 Std.), einer nicht mehr bewirtschafteten Hochalm. Niedriges Gebüsch und Farnkräuter überwuchern allmählich die Weidefläche, aber ihre Grenzen sind noch an den niedrigen Steinmäuerchen zu erkennen. Weiter geht es über einen kleinen Sattel zum **Krappenfels** (2 Std.) und von dort über große Felsbrocken hinunter zum **Lac des Perches** oder Sternsee (2.15 Std.). Der schwierige Weg ist an dieser Stelle mit Pfeilen auf den Steinen gekennzeichnet. Am Lac des Perches überqueren wir den Deich und – von Stein zu Stein springend – den kleinen Bach. Dann müssen wir oberhalb des Ufers im Wald aufpassen, das Schild ›Col des Perches, Rouge Gazon‹ (blaues Rechteck) nicht zu versäumen. Nach einem sehr steilen, beschwerlichen Anstieg von einer Viertelstunde verschnaufen wir ein bißchen am **Col des Perches** (2.30 Std.), überqueren anschließend den Platz und brauchen dann noch einmal 15 Min., bis wir den großen **Berggasthof Rouge Gazon** erreichen, der vor allem im Winter von Skifahrern besucht wird (2.45 Std.).

Nach der wohl verdienten Stärkung nehmen wir den Rückweg wieder über den **Col des Perches** (3 Std.). Dort steigen wir nicht zum Sternsee ab, sondern biegen nach rechts auf den GR 5 (rotes Rechteck, ›Neuweiher par Obere Bers‹). Unser Weg führt zunächst mit sehr schöner Aussicht hinunter zum See, dann durch den Wald, anschließend ein Stück über die Weiden der **Haute Bers,** die wir weiter unten schon auf dem Hinweg überquert haben, und schließlich wieder durch den Wald, bis zum **Col des Charbonniers** (4 Std.). Hier müssen wir den GR 5 verlassen und steigen mit dem blauen Dreieck hinunter zur Ferme Auberge Gresson Moyen (sollte an

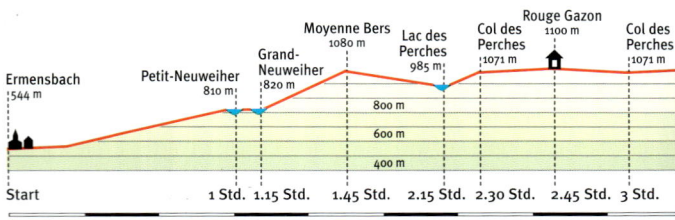

Rouge Gazon
D90
La Chapelle Botiotte
1097 m
Tête des Perches
1222 m
Rimbachkopf
1195 m
Col des Perches
1071 m
1071 m
1034 m
Lac des Perches
985 m
LE GRESSON
Haute Bers
1252 m
GR 5
1099 m
Krappenfels
883 m
GR 531
1097 m
Parc Naturel Régional
879 m
BASSE BERS
Schoenebaechle
Moyenne Bers
1116 m
Erlenmattbaechle
Jöppelberg
997 m
Tête des Charbonniers
1138 m
GUSTIBERG
Grand-
Neuweiher
953 m
Col des Charbonniers
1113 m
Petit-
Neuweiher
GR 5
Refuge Club
Vosgien
912 m
KATZENBACH
HINTERER WALD
1078 m
des Ballons des Vosges
RIESENWALD
LEIMBERG
GR 531
839 m
Ferme Auberge
Gresson Moyen
LE GRESSON BAS
Neuweiherbach
KIRCHBERG
Gresson Haut
969 m
893 m
START
500 m
1:45.000
ERMENSBACH
P

dieser Stelle die Markierung fehlen, orientieren wir uns an dem Schild ›Ferme Auberge‹. Bald nachdem wir aus dem Wald auf die Hochweide kommen, stoßen nacheinander von rechts die Wanderwege mit dem blauen Kreuz und dem blauen Recht-

eck auf unsere blaue Dreiecks-Route. Alle drei Zeichen weisen uns in Richtung Gresson – sie führen am Weidezaun entlang und dann quer über die Wiese zur **Ferme Auberge Gresson Moyen** (4.30 Std.). Am Gasthof vorbei steigen wir mit dem

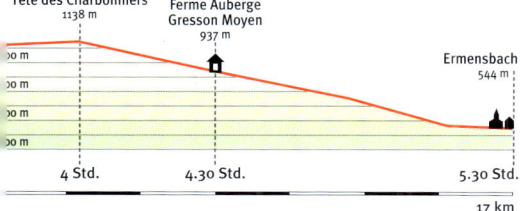

Tête des Charbonniers
1138 m
Ferme Auberge
Gresson Moyen
937 m
Ermensbach
544 m

4 Std.   4.30 Std.   5.30 Std.

17 km

Wanderung durch die Südvogesen

blauen Dreieck (zunächst: ›Oberbruck‹) auf einem breiten Schotterweg weiter zu Tal. Kurz nachdem wir ein Gatter passiert haben, führt ein Pfad nach links über die Wiesen (4.45 Std., ›Ermensbach, Rimbach‹). Hier erhebt sich eine mächtige, weit ausladende Linde. An der **Sennerei Gresson Bas** überqueren wir einen Weg, halten uns leicht rechts, bis wir gleich danach auf der linken Seite das blaue Dreieck wieder sehen. Dann wandern wir durch den Wald auf einem steilen, sehr steinigen Pfad nach **Ermensbach** hinunter. Diese letzte Wegstrecke verwandelt sich bei einem Regenguss schnell in ein richtiges kleines Bachbett. Nach der Brücke über den Neuweiherbach gehen wir rechts auf der Rue des Neuweiher zurück zu unserem Auto (5.30 Std.).

Seegeschichte

Die beiden Neuweiher und der Lac des Perches gehören zu den ruhigsten, noch naturbelassenen Bergseen in den Hochvogesen. Der Lac des Perches ist von besonderem geologischen Interesse, da seine Entstehung wahrscheinlich schon auf eine präglaziale Verschiebung von Gesteinsschollen zurückgeht: Man unterscheidet zwischen der Grauwacke im Westen und dem Granit auf der Ostseite des Sees. Auf spätere eiszeitliche Einflüsse weisen die Reste einer Moräne am nördlichen Ende des Dammes und Rundhöcker, die am Südufer bei niederem Wasserstand zu Tage treten. Alle drei Seen waren bis zur Französischen Revolution im Besitz der Abtei Masevaux, welche die Wasserrechte an die Besitzer der Hüttenwerke im Dollertal verpachtete. Wiederholt mussten die Staudämme, die die Seen an der Talseite abschlossen, im Lauf der Jahrhunderte erhöht werden. Als die Mittel der Abtei nach der großen Flutwelle von 1778 für eine notwendige Konsolidierung nicht ausreichten, legte man die Neuweiher für einige Jahrzehnte ganz trocken, und am Platz des Grand-Neuweiher errichtete man damals ein Gehöft.

Durch Dörfer und Buchenwälder

Von Illfurth nach Flaxlanden und Luemschwiller

Der Sundgau südlich von Mulhouse ist eine sanft gewellte, fruchtbare Hügellandschaft. Abseits der viel bereisten Routen verbergen sich hier die Zeugen der Geschichte: Reste eines keltischen Oppidum, ein spätmittelalterlicher Altaraufsatz, ein jüdischer Friedhof.

DIE WANDERUNG IN KÜRZE

++
Anspruch

5.45 Std.
Gehzeit

19 km
Länge

Charakter: Lange, aber nicht besonders schwere Wanderung über Feld- und Waldwege; mäßiger Anstieg von Illfurth (260 m) zum Galgen (404 m). Im Sommer kann der Weg über die offenen Felder heiß werden

Markierung: Rote Raute/ Sentier interregio bis Flaxlanden, Friedhof; gelber Punkt und gelbes Kreuz bis Luemschwiller; blaues Rechteck und gelbes Kreuz bis Illfurth

Wanderkarten: Club Vosgien No. 7/8 (im Druck; TOP25 3621 ET (Altkirch)

Einkehrmöglichkeiten: Man sollte Proviant einpacken, weil das einzige Gasthaus am Weg, die Auberge du Canon, ziemlich am Anfang der Wanderung liegt. In Illfurth das

Restaurant Au Coq, wo man eine Spezialität der Gegend, gebackenen Karpfen mit Pommes Frites und Mayonnaise, serviert – schmackhaft, aber nicht gerade leicht bekömmlich! Am Sonntag empfiehlt es sich, seinen Platz zu reservieren (Tel. 03 89 25 42 38)

Anfahrt: Von Mulhouse nach Süden auf der D 432, Richtung Altkirch. Parken auf dem Rathausplatz, gegenüber der Kirche. Bahnstation

Öffnungszeiten: Die Kirchen sind leider nur sonntags während des Gottesdienstes geöffnet

Tipp: Besonders schön ist die Wanderung durch Felder und Wälder im Frühsommer mit Baumblüte und jungem Buchengrün

Für die erste Etappe unserer Wanderung, Illfurth – Flaxlanden, benutzen wir den Sentier interregio, dessen spezielle Markierung, drei schwarze Rechtecke auf gelbem Grund, zurzeit auf französischem Gebiet meist durch die rote Raute ersetzt wird. Vom Rathausplatz in **Illfurth** geht es neben dem Restaurant Au Coq zum Bahnübergang (5 Min.) und dann weiter die Rue St-Brice hinauf zum deutschen Soldatenfriedhof (*Cime-*

tière militaire allemand). Bald nach dem Forsthaus verlassen wir an einem Parkplatz die asphaltierte Straße und erreichen den einsam gelegenen **Soldatenfriedhof** (30 Min.). Unter einfachen Steinplatten zwischen Buchen liegen hier 2000 im Ersten Weltkrieg gefallene Soldaten.

Nachdem wir vom Friedhof zum Weg mit der roten Raute zurückgekehrt sind, biegen wir vom größeren Weg bald scharf links auf den schmalen Pfad und gelangen zur **Chapelle St-Brice** (45 Min.). Die während der Revolution zerstörte und 1870 wieder aufgebaute Kapelle geht sicherlich auf ein älteres Heiligtum zurück; ein behauener Stein trägt die Jahreszahl 1589. Spuren eines keltischen Oppidums (Adelssitzes) aus der Hallstattzeit (750–450 v. Chr.), ein Erdwall in geringer Entfernung von der Kapelle, sind im Gelände noch gut zu erkennen. Archäologische Bodenfunde dieser reichen Kultur, der auch der Breisacher Münsterberg und die Heuneburg bei Sigmaringen angehören, sind im Straßburger Archäologischen Museum ausgestellt.

Durch niedrigen Wald und offenes Land geht es von der Kapelle fast eben auf dem Bergrücken bis zum **Britzgyberg** (1 Std.), der heute von riesigen Maisfeldern bedeckt ist. Es gibt, ausnahmsweise, keine Aussicht und gar nichts zu besichtigen.

Wir nehmen den Fuhrweg nach rechts durch die Felder, wenden uns

ca. 10 Min. später nach links und erreichen bald darauf, bei einer Hütte, den nun wieder gut markierten Weg mit der roten Raute, der uns durch den Buchenwald des Altenbergs zur **Großen Kanone von Zillisheim** führt. 1916 feuerten die Deutschen aus dieser Marineschnellladekanone mit einer Reichweite von 47,5 km 41 Geschosse in Richtung Belfort; die Bevölkerung von Zillisheim hatte man zuvor vorsichtshalber evakuiert. Auf der großen, gemauerten Plattform liegt heute ein kleiner Teich, und es bleiben hier noch etwa 500 m unterirdische Galerien.

Die **Auberge du Canon,** knapp 10 Min. von der Großen Kanone entfernt, ist ein beliebtes Ausflugslokal, besonders am Wochenende Ziel zahlreicher Familien, die die Autostraße von Zillisheim heraufkommen (1.45 Std.). Wir gehen rechts am Restaurant vorbei, überqueren die kleine Wiese zur Linken und halten uns, wenn wir gleich danach auf einen breiten Forstweg stoßen, noch einmal links. Jetzt folgen wir weiter der roten Raute (aufpassen!), wenden uns, wenn wir nach ungefähr einer Viertelstunde den Waldrand erreicht haben, nach rechts, gelangen bald darauf endgültig in die Felder und erreichen **Flaxlanden** nach einer weiteren Viertelstunde in Höhe des Friedhofs (2.15 Std.).

Wer den Kirchturm aus dem 13. Jh. näher betrachten oder etwas Provi-

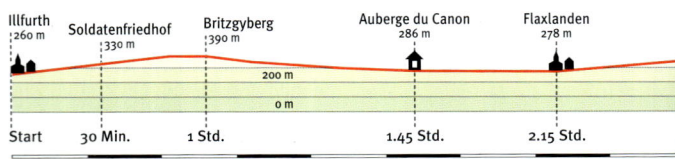

Illfurth 260 m	Soldatenfriedhof 330 m	Britzgyberg 390 m		Auberge du Canon 286 m	Flaxlanden 278 m
			200 m		
			0 m		
Start	30 Min.	1 Std.		1.45 Std.	2.15 Std.

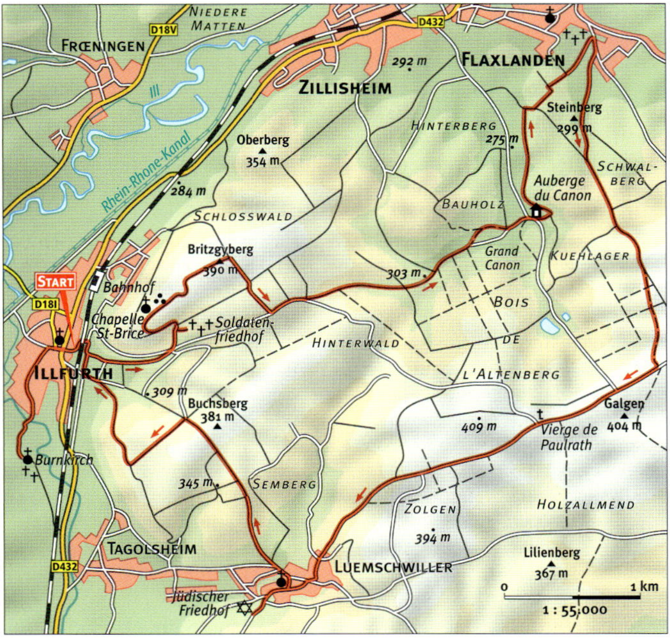

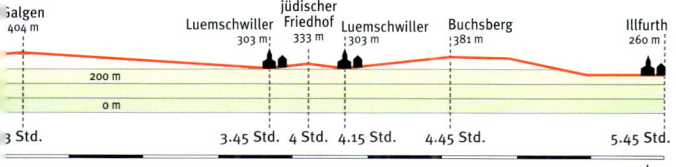

ant im Gemischtwarenladen einkaufen möchte, macht einen Abstecher ins Dorf (rote Raute: ›Rue du Repos, Rue de Bruebach, Grand'Rue‹). Wenn wir auf den Besuch von Flaxlanden verzichten, gehen wir am Friedhof ein Stückchen auf der Fahrstraße nach rechts und folgen dann der Rue des Cerisiers noch einmal nach rechts den Berg hinauf – unsere Markierung ist jetzt der gelbe Punkt. Bald nachdem die feste Straße in einen Feldweg übergegangen ist, gabelt sich der Weg. Wir halten uns wieder rechts und wandern nun durch Maisfelder, Wiesen mit Obstbäumen und schönen Buchenwald immer geradeaus den Schwalberg hinauf, bis wir ungefähr 40 Min. nach unserem Abmarsch vom Friedhof auf den alten Landserweg nach Luemschwiller stoßen, der mit einem gelben Kreuz gezeichnet ist (Sentier circulaire du Schwalberg).

Hier wenden wir uns nach rechts und erreichen in 10 Min. den **Galgen**

(3 Std.), ein Schild an einer hohen Buche erinnert daran, dass die Herren von Steinbrunn-le-Bas hier früher die Hochgerichtsbarkeit ausübten. Von der Anhöhe des Galgens, ungefähr 100 m links am Waldrand hoch, hat man einen schönen Blick auf den südlichen Sundgau, der im Herbst allerdings durch hohe Maispflanzen eingeschränkt wird.

Wieder zurück auf unserem Weg, wandern wir jetzt bequem durch den Buchenwald bis zu einem **Bildstock** mit einer kleinen modernen Marienstatue, La Vierge de Paulrath (3.15 Std.). Weiter geht es auf dem Landserweg geradeaus durch Felder und Streuobstwiesen bis nach **Luemschwiller** (3.45 Std.). Die hügelige, fruchtbare Sundgaulandschaft, in der vereinzelt Rebstöcke an den Weinbau erinnern, erscheint hier besonders reizvoll.

Im Luemschwiller betrachten wir, wenn möglich, den Altar der Kirche und machen einen Abstecher zum Jüdischen Friedhof. Am Ortseingang folgen wir dem gelben Kreuz die Grand'Rue hinunter, überqueren die Durchgangsstraße nach Tagolsheim und gehen an einem Brunnen vorbei die Rue de l'Ecole zur Kirche hinauf. Wenn wir aufpassen, bemerken wir unterwegs einige Häuser aus dem 17. und 18. Jh., häufig aus Stein der Umgebung erbaut.

Der Weg zum **Jüdischen Friedhof**, ungefähr 300 m oberhalb der Kirche, ist nicht besonders gekennzeichnet, aber leicht zu finden: Rue de Walheim (Fortsetzung der Rue de l'Ecole), dann links in die Rue du Réservoir, die in einen Feldweg übergeht und an der Weggabelung links hinauf in den Wald. Der kleine Friedhof, ohne jede Einfriedung (früher 250–300 Gräber), liegt dann auf der linken Seite des Weges (4 Std.). Um

1800 waren von den 770 Dorfbewohnern 190 Israeliten. Am Ende desselben Jahrhunderts zog der letzte Jude aus Luemschwiller in die Nachbarstadt Altkirch.

Wieder zurück an der Kirche gehen wir geradeaus hinunter zur Hauptstraße (Rue de Tagolsheim) und dann nach links bis zum kleinen Platz am Ortsausgang (4.15 Std.).

Von Luemschwiller zurück nach Illfurth wandern wir jetzt mit dem blauen Rechteck (GR 531), das sich gleich rechts an einem Mast findet. Durch einen steilen Hohlweg, von Pflaumen- und Nussbäumen gesäumt, gelangen wir auf freies Feld und danach in einen schönen Buchenwald. 5 Min. später, an der nächsten Weggabelung, gehen wir nicht direkt nach Illfurth hinunter, sondern machen einen Abstecher nach links (>Illfurth par Buxberg<, gelbes Kreuz), um das ausgedehnte Buchsbaumgehölz am Berghang zu sehen. Die im Mittelmeergebiet heimische Pflanze erreicht hier in Südwestlage auf Kalkboden die nördliche Grenze ihrer Ausdehnung – vor allem bei heißem Wetter verbreitet sie ihren charakteristischen Duft. Wenn wir das Gehölz erreicht haben, macht der Pfad eine Spitzkehre, und wir müssen ein wenig aufpassen. Der Buchsbaum bleibt immer zu unserer Linken, und wir wandern im Buchenwald. Am Ortsrand von Illfurth stoßen wir wieder auf den Hauptweg mit dem blauen Rechteck (5 Std.). Wir gehen die Rue du 21 Novembre hinunter, weiter nach rechts ein Stück an der Bahnlinie entlang (Chemin du Buis), überqueren die Schienen ein Stück nach dem Schild >Deutscher Soldatenfriedhof< und erreichen gleich darauf in **Illfurth** den Ausgangspunkt unserer Wanderung (5.15 Std.).

Am Ortsrand von Illfurth

Zuletzt noch ein Blick auf das originelle moderne Pfarrzentrum am Rathausplatz, das unter verschieden geneigten Dachflächen Kirche, Pfarrhaus und Gemeindezentrum umschließt (Baujahr 1970/71), und auf die **Burnkirch,** eine der ältesten elsässischen Landkirchen und Mutterkirche von Illfurth, die auf eine Anlage aus dem 7. oder 8. Jh. zurückgeht. Einsam erhebt sich der schlichte, mehrfach veränderte Bau mit dem für den Sundgau typischen Turm auf dem noch heute benutzten Friedhof am südwestlichen Ortsrand, neben der Straße nach Heidwiller (D 18 oder rote Raute; 5.45 Std.).

Der Flügelaltar in der Dorfkirche von Luemschwiller

Die Jahrzehnte um 1500 sind bekannt als Blütezeit der Tafelmalerei am Oberrhein: Martin Schongauer schuf für die Martinskirche in Colmar die Maria im Rosenhag, Matthias Grünewald den Isenheimer Altar, Hans Baldung Grien den Hochaltar für das Freiburger Münster. Neben diesen groß angelegten, bekannten Meisterwerken haben sich im Elsass auch mehrere kleinere Altaraufsätze mit spätmittelalterlicher Malerei erhalten, so der Flügelaltar in der Dorfkirche von Luemschwiller.

Seine Rückseite, die aus zwei festen und zwei beweglichen Flügeln besteht, zeigt in acht fast gleich großen Bildern die vertrauten Geschichten aus dem Marienleben: in der oberen Reihe Verkündigung, Heimsuchung, Geburt Christi und Beschneidung, darunter die Anbetung der Könige, die Darbringung im Tempel, die Flucht nach Ägypten und den Tod Marias. Geöffnet erscheint in der Mitte des Altars eine Marienstatue mit Kind, auf beiden Flügeln im Halbrelief die hl. Barbara (links) und die hl. Katharina (rechts). Auf dem Sockel ist zwischen zwei Engeln mit den Leidenswerkzeugen das Schweißtuch der hl. Veronika gemalt. Die unbekannte, abgelegene Sundgaukirche überrascht den Wanderer mit dem kleinen Meisterwerk.

Zu den Höhlen der Erdwibele

Um die Burg von Ferrette

Die kleine Wanderung um den Schlossberg von Ferrette führt uns durch eine typische Juralandschaft, in der durch Auswaschung mächtige Felsklötze und Höhlen im Kalkstein freigelegt wurden – ein idealer Platz für Zwerge und andere Erdgeister.

DIE WANDERUNG IN KÜRZE

++
Anspruch

3.30 Std.
Gehzeit

9 km
Länge

Charakter: Teilweise steinige Wege durch den Wald. Festes Schuhwerk für den Abstieg vom Rossberg (675 m) nach Ferrette (488 m)

Markierung: Blauer Punkt bis Heidefluh; blaues Dreieck und blauer Punkt bis Lœchlefelsen; blauer Punkt bis Ferrette; roter Punkt bis Tour du Rossberg; blauer Punkt bis Ferrette

Ausrüstung: Taschenlampe zur Besichtigung der kleinen Grotte

Wanderkarten: IGN TOP25

3721 ET (Huningue, Bâle) und TOP25 3621 ET (Altkirch)

Einkehrmöglichkeiten: Gasthäuser in Ferrette. Ein beliebter ländlicher Gasthof ist die Auberge Paysanne in Lutter, 8 km von Ferrette entfernt

Anfahrt: Von Mulhouse nach Süden über Altkirch auf der D 432. Parkplatz an der Kirche in der Unterstadt

Tipp: Bei Zeitmangel kann man auf die Besteigung des Rossbergs verzichten

Ferrette, das historische Kleinstädtchen im äußersten Süden des Elsass, einst Residenz der Grafen von Pfirt (Ferrette), zieht heute viele Touristen an. Zu den Sehenswürdigkeiten rund um die Stadt führen viele sich oft kreuzende Wege, und unsere Markierung, durchweg der blaue oder rote Punkt, wird in verschiedener Weise mit anderen Zeichen kombiniert. Zu Beginn der Wanderung wählen wir die Kombi-

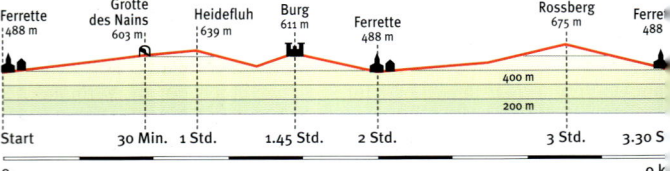

| Ferrette 488 m | Grotte des Nains 603 m | Heidefluh 639 m | Burg 611 m | Ferrette 488 m | Rossberg 675 m | Ferre 488 |

Start | 30 Min. | 1 Std. | 1.45 Std. | 2 Std. | 3 Std. | 3.30 S

0 | | | | | | 9 k

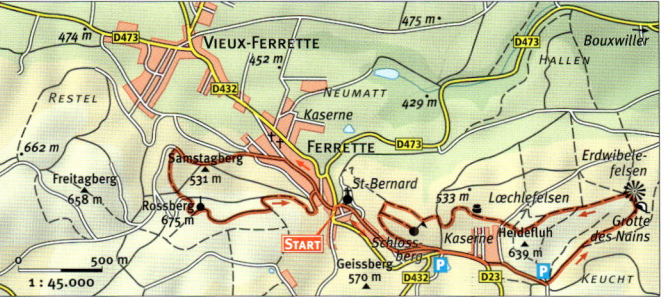

nation blauer Punkt/rote Raute (Sentier interrégio), die wir am Schild an der Kirchmauer finden, ›Ruines du château, Heidefluh‹. Von der Kirche St-Bernard (Chor um 1300, neugotisches Schiff von 1914) gehen wir die steile Rue du Château hinauf, kommen am Renaissancerathaus und am Restaurant Felseneck vorbei, lassen die Straße zur Burg links liegen und erreichen, immer geradeaus auf der Rue du Château, am Restaurant du Jura die Straße nach Sondersdorf (10 Min.). Über den Gendarmeriekasernen stehen eindrucksvoll die weißgrauen Jurafelsen, die wir auf dem Rückweg besuchen werden. Neben der geteerten Autostraße (Rue du Colonel Robelin) müssen wir nun ungefähr 5 Min. herwandern, dann steigen wir am Zaun der Kaserne nach links hinauf in den Wald. Am oberen Ende des Zauns stoßen wir auf einen breiten Forstweg und halten uns geradeaus (blauer Punkt, rote Raute), bis wir an einer Lichtung den **Waldparkplatz Keucht** erreichen (15 Min.).

Hier verlassen wir den Sentier interrégio (rote Raute), der weiter nach Sondersdorf führt, und kombinieren den blauen Punkt (›Grotte des Nains‹) mit dem rot-weiß-roten Rechteck (›Trois étangs, Bouxwiller‹). Wenn die zuletzt genannte

Markierung einige Minuten später nach rechts in den Wald hinunterführt, wandern wir, nun nur noch mit dem blauen Punkt, weiter geradeaus und erreichen die **Wolfsschlucht** (Gorge aux Loups), eine schmale Juraklamm, an deren Eingang die **Grotte des Nains,** die Erdwibelehöhle, gelegen ist (30 Min.).

Am oberen Ende der Schlucht stoßen wir auf den Dreiländerweg (gelbes Rechteck), dem wir ein kurzes Stück nach links folgen, bis uns der blaue Punkt noch einmal scharf nach links führt, hinauf zum Plateau des Nains, zum **Erdwibelefelsen** (45 Min.). Von den aufgestellten Bänken haben wir einen weiten Blick über das Illtal und die Rheinebene mit Vogesen und Schwarzwald, bei klarem Herbstwetter bis hin zu den Berner Alpen.

Weiter geht es zu zwei anderen typischen Kalksteinfelsen, der Heidefluh mit Grillplätzen und Bänken, und dem Læchlefelsen mit der Aussichtskanzel. Vom Plateau des Nains wandern wir mit dem blauen Punkt ungefähr 10 Min. auf der Höhe durch den Wald, dann biegen wir links hoch zur **Heidefluh** (1 Std.).

Wir verlassen den Felsen auf der rechten Seite des Aussichtsgatters (blaues Dreieck), stoßen gleich darauf wieder auf den blauen Punkt und folgen dem Pfad auf dem Felsengrat, bis wir auf der linken Seite die Kanzel auf dem **Lœchlefelsen** erreichen (1.15 Std.).

Über den Kasernen erblicken wir unser nächstes Ziel, den Schlossberg von Ferrette, schon von weitem an seiner bewimpelten Plattform zu erkennen. In steilen Kehren steigen wir hinunter ins Tal, wo wir wieder auf den Dreiländerweg stoßen (gelbes Rechteck). Wir wenden uns nach rechts und gleich darauf wieder nach links (›Ferrette, Église‹), überqueren einen kleinen Bach und klettern den Burgberg hinauf. Gut 5 Min. später, fast auf der Höhe, müssen wir links gehen (blauer Punkt, ›Château, Ferrette‹) und erreichen nach einem letzten Anstieg durch den Wald die **untere Burg.** Geradeaus (blaues Dreieck) stehen wir nach wenigen Schritten im unteren Burghof, nach links führt ein schmaler Pfad (blauer Punkt) außerhalb der Mauern direkt zur **Oberburg** – Eingang durch ein verstecktes Törchen zur Rechten

(1.45 Std.). Die weitläufige Anlage war einst Stammburg der Grafen von Pfirt oder Ferrette, deren Herrschaft im südlichen Elsass 1324 durch Heirat an das Haus Habsburg kam. Während das Oberschloss schon am Ende des Dreißigjährigen Krieges von den Schweden zerstört wurde, fiel das 1488 neu angelegte Unterschloss erst während der Französischen Revolution aufständischen Bauern zum Opfer. Den besten Überblick bietet die Plattform auf der oberen Burg, die auf den Fundamenten eines Wohnturms aus dem 13. Jh. errichtet ist.

Durch zwei Tore, die Porte Haute und die Porte Basse, bummeln wir nach der Besichtigung dann wieder die Rue du Château hinunter bis zum Parkplatz an der Kirche **St-Bernard** (2 Std.).

Wenn wir noch Zeit und Kräfte haben, brauchen wir hier nicht schon wieder ins Auto zu steigen, sondern machen einen Abstecher zum Rossbergturm, einem der besten Aus-

Tor zur unteren Burg in Ferrette

sichtspunkte der Gegend. Von der Kirche geht es hinunter zur kleinen **Place Mazarin,** dann auf der rechten Seite die Rue Léon Lehmann hinauf (rot-weiß-rotes Rechteck und roter Punkt), am Eingang der Friedhofsallee nach links in die Rue du Rossberg und weiter geradeaus in die Rue de la Montagne. Wenn die Häuser aufhören, führt links ein breiter Forstweg in den Wald hoch, ›Paturage de Bendorf, Tour du Rossberg‹. Gleich nach einer großen Kurve biegen wir wieder nach links auf einen schmalen Pfad und steigen nun durch Buchen- und Tannenmischwald steil hinauf auf den **Samstagberg.** Wir müssen uns immer geradeaus halten – ab und zu erscheint der rote Punkt an einem Baum. Von der Höhe (keine Sicht!) geht es ein Stückchen hinunter bis zu einem breiteren Forstweg, auf diesem einige Schritte nach links und dann in großen Kehren ziemlich bequem zum **Rossberg** hinauf (3 Std.). Hier bietet die Plattform des 16 m hohen, ursprünglich zu militärischen Zwecken errichteten Turms einen weiten Blick über das schöne Land – Sundgau, Vogesen, Schwarzwald und den nahen elsässischen Jura. Beim Erklimmen der luftigen Leitern – der ganze Turm ist nur aus Metallverstrebungen errichtet – können es nicht ganz schwindelfreie Wanderer allerdings auch mit der Höhenangst bekommen. Den Rückweg treten wir am Fuß des Turms am selben Baum an, an dem wir angekommen sind (›Cnie Don Bosco, CCAS, Ferrette‹, blauer Punkt). Zuerst ist der Forstweg breit und angenehm, dann geht er nach dem Schild ›Ferrette direct‹ in einen schmalen, steilen, stellenweise zugewachsenen Pfad über. Es gibt hübsche Ausblicke auf das Städtchen und die gegenüberliegende Burg; in

der Dämmerung oder im Regen kann man hier aber leicht den Weg verlieren oder rutschen. Eine knappe halbe Stunde nach unserem Abmarsch vom Rosskopf erreichen wir wieder **Ferrette.** Über eine kleine Treppe wieder die Rue Léon Lehmann, gehen den Berg hinunter zur Place Mazarin und von hier zur Kirche St-Bernard und zum Parkplatz zurück (3.30 Std.). Im Stadtzentrum finden wir auch diverse Gasthäuser und Cafés.

Die Sage von den Erdwibele

In den von August Stöber aufgezeichneten Sagen des Elsass findet sich auch die Geschichte von den Pfirter Zwergen. Danach hauste in alten Zeiten in den Felskammern der Wolfshöhle bei Pfirt ein Völklein von ›Erdwibele‹, die mit den Menschen der umliegenden Ortschaften in freundschaftlichem Verkehr standen. Männlein und Weiblein halfen den Dorfbewohnern mit ihren winzig kleinen silbernen Werkzeugen bei der Ernte, besuchten sie in ihren Häusern, machten ihnen reiche Geschenke und feierten ihre Feste.

Weil aber die Zwerge immer so lange Kleider trugen, dass man ihre Füße nicht sehen konnte, streuten eines Tages einige fürwitzige Mädchen Sand vor die Höhle und verbargen sich dann im Gebüsch. Als die Zwerglein nun herausgehüpft kamen, ließen sie Spuren von Geißfüßen im Sand zurück, und die neugierigen Mädchen verrieten sich durch lautes Lachen. Da merkten die Erdwibele den Betrug, kehrten traurig in ihre Höhlen zurück und sind seit dieser Zeit nie wieder zum Vorschein gekommen.

Offices du Tourisme

Wanderung 1/2:
Lembach, Tel. 03 88 94 43 16
Wanderung 3:
Hunspach, Tel. 03 88 80 59 39
Wanderung 4:
Wœrth, Tel. 03 88 09 30 21
Wanderung 5/6: Niederbronn-les-
Bains, Tel. 03 88 80 89 70
Wanderung 7:
Ingwiller, Tel. 03 88 89 23 45
Wanderung 8: La Petite-Pierre,
Tel. 03 88 70 42 30
Wanderung 9:
Saverne, Tel. 03 88 91 80 47
Wanderung 10:
Strasbourg, Tel. 03 88 52 28 28
Wanderung 11:
Molsheim, Tel. 03 88 38 11 61
Wanderung 12: Nideck, Vallée de la
Hasel, Oberhaslach,
Tel. 03 88 50 90 15
Wanderung 13/14:
Schirmeck, Tel. 03 88 49 63 80
Wanderung 15:
Villé, Tel. 03 88 57 11 69
Wanderung 16:
Rosheim, Tel. 03 88 50 75 38
Wanderung 17:
Ottrott, Tel. 03 88 95 83 84;
Barr, Tel. 03 88 08 66 65
Wanderung 18:
Barr, Tel. 03 88 08 66 65
Wanderung 19: Dambach-la-Ville,
Tel. 03 88 92 61 00
Wanderung 20:
Kintzheim, Tel. 03 88 82 09 90
Wanderung 21:
Ribeauvillé, Tel. 03 89 73 62 22
Wanderung 22:
Kaysersberg, Tel. 03 89 78 22 78
Wanderung 23:
Rouffach, Tel. 03 89 78 53 15
Wanderung 24: Ste-Marie-aux-
Mines, Tel. 03 89 58 80 50

Wanderung 25/26:
Orbey, Tel. 03 89 71 30 11
Wanderung 27/28:
Munster, Tel. 03 89 77 31 80
Wanderung 29: wie Wanderungen
27/28 sowie Guebwiller,
Tel. 03 89 76 10 63
Wanderung 30:
Guebwiller, Tel. 03 89 76 10 63
Wanderung 31:
Cernay, Tel. 03 89 75 50 35
Wanderung 32:
Thann, Tel. 03 89 37 96 20
Wanderung 33:
Masevaux, Tel. 03 89 82 41 99
Wanderung 34:
Altkirch, Tel. 03 89 40 02 90
Wanderung 35:
Ferrette, Tel. 03 89 08 23 88

Eine Liste der Sehenswürdigkeiten
des **Naturparks Nordvogesen** sowie
ein ausführliches Programm von
kleinen Gruppenwanderungen und
mehrtägigen Touren (mit Übernach-
tung und Gepäckbeförderung)
kann man am Verwaltungssitz des
Naturparks in 67290 La Petite-
Pierre, Maison du Parc-Château,
Tel. 03 88 01 49 59, anfordern.

Auskünfte über die Aktivitäten
des **Naturparks Südvogesen** –
geführte Wanderungen, Feste, Bro-
schüren – erhält man in der Maison
du Parc, 1 Cour de l'Abbaye, 68140
Munster, Tel. 89 77 90 20. In der Reihe *Culture et Environnement* gibt
das IGN eine den gesamten Park
umfassende Spezialkarte mit tou-
ristischen Informationen heraus
(Parc Naturel Régional des Ballons
des Vosges, 1:100 000).

Register

Der Genießer!
168 Seiten mit Faltplan
6 Titel

Sie wollen nur einen Kurzurlaub machen? Den aber richtig? Oder Sie suchen das Besondere?

Mit »DUMONT Reisen für Genießer« entdecken Sie kulinarische Regionen in Europa auf etwas andere Art: Gourmetadressen, ein kulinarischer Sprachführer, Hinweise auf stimmungsvolle Unterkünfte sowie ein Serviceteil mit exklusiven Einkaufstipps sind Garant für einen ungewöhnlichen Urlaub. Eine Faltkarte verzeichnet alle erwähnenswerten Adressen.

Weitere Informationen über die Reihe »DUMONT Reisen für Genießer« erhalten Sie bei Ihrem Buchhändler oder unter
www.dumontreise.de

Abbildungsnachweis

Friedrich Blickle/Bilderberg (Hamburg)   Titelbild
Manfred Braunger (Freiburg)   S. 48, 61
Fridmar Damm (Köln)   S. 8, 122, Umschlagrückseite oben
Heitz, B. (Straßburg)   S. 11 (2 Abb.)
Lacoumette, G. (Straßburg)   S. 10, 14, 42, 148, 157
Christian Heeb/Look (München)   S. 12, 103
Manfred Linke/laif (Köln)   S. 28, 109, 152
Maison des Arts et des Congrès (Niederbronn)   S. 36
Werner Neumeister (München)   S. 1, 19, 24, 89, 125
Richner, Werner (Saarlouis)   S. 13, 62, 130, Umschlagrückseite unten
Service Régional de l' Inventaire Général en Alsace (Straßburg)/
    S.P.A.D.E.M.   S. 96
Spitta, Wilkin (Loham)   S. 2, 6, 20, 66, 71, 83, 136, 144, 160
Françoise Saur/Visum (Hamburg)   S. 95
Martin Thomas (Aachen)   S. 93

Karten und Höhenprofile: © DuMont Reiseverlag, Köln

Impressum

Titelbild: Weinberge bei Niedermorschwihr

Über die Autorin: Ruth Mariotte-Löber studierte in Freiburg Geschichte un
Romanistik. Die promovierte Historikerin lebt in Straßburg.

© DuMont Reiseverlag, Köln
3., aktualisierte Auflage 2004
Alle Rechte vorbehalten
Graphisches Konzept: Groschwitz, Hamburg
Redaktion, Satz und herstellerische Bearbeitung: Volz + Schopp, Köln
Druck: Rasch, Bramsche
Buchbinderische Verarbeitung: Bramscher Buchbinder Betriebe

ISBN 3-7701-5222-0